백투더바이블

– 학습자용 교재 –

창세기
Genesis

안 충 혁 엮음

그리심
도서출판

Back to the Bible

이 교재는…

정평이 나 있는 것처럼 「백투더바이블(*Back to the Bible*)」(장종길 저)은 성경연구의 새로운 장을 열었습니다. 그러나 성경을 연구하고 흐름을 배우는 데에는 최적의 참고서이지만 이 책을 사용하여 성경공부를 진행하기에는 다소 어려운 점이 있음을 발견하였습니다. 이에 「백투더바이블」을 성경공부에 보다 쉽게 접근할 수 있도록 학습자용 교재로 만들었습니다.

인도자나 학습자 모두 「백투더바이블」을 가지고 공부한다면 서로 간에 부담이 있을 것입니다. 그리하여 학습자는 학습자용을 통해서 성경공부의 부담을 줄이고 인도자는 「백투더바이블」을 통해서 학습자의 수준에 맞추어 준비를 할 수 있게 만든 것입니다.

이 교재는 「백투더바이블」 창세기 편의 내용과 흐름을 그대로 따랐습니다. 그러므로 지도자들은 반드시 「백투더바이블」 창세기 편을 보시고 준비를 해야 합니다. 학습자용 교재만으로는 성경공부 진행을 할 수가 없습니다. 「백투더바이블」의 흐름을 따라서 학습자 수준에 맞게 준비를 한다면 하나님의 말씀을 효과적으로 가르치며, 배우는 계기가 될 것입니다.

「백투더바이블」이 성경연구의 새로운 장을 열었다면, 이 교재를 통해서 성경공부의 새로운 장이 열리기를 기원합니다.

이 교재를 사용하는 방법은,

이 교재를 사용하는 방법은 「백투더바이블」에 잘 나타나 있습니다. 중복되지 않는 측면에서 몇 가지만을 다루려고 합니다.

첫째, 성경을 사랑해야 합니다. 하나님의 말씀을 배우겠다는 간절한 마음과 필요성으로 가득 차 있어야 합니다.

둘째, 이 교재는 「백투더바이블」의 내용과 흐름을 그대로 따르고 있기 때문에 지도자들께서는 반드시 「백투더바이블」과 함께 사용을 해야 합니다. 왜냐하면 이 교재만으로는 성경의 내용과 흐름을 익힐 수가 없기 때문입니다.

셋째, 매 과마다 학습목표를 설정하였습니다. 학습목표는 최소한의 결과를 위한 조치입니다. 성경의 풍성한 내용에 따라서 더욱 많은 학습결과들을 가져올 수 있을 것입니다. 그러나 최소한의 결과를 얻을 수 있도록 과에 수록된 학습목표를 숙지하여 공부하시기 바랍니다.

넷째, 이 교재에는 "적용" 도표를 첨가했습니다. 적용은 개인적인 측면이 강하지만 원리적인 측면에서 적용을 하도록 매 과가 끝나는 부분에 적용을 하도록 했습니다. 내용에 대한 공부가 끝난 후에는 개인적인 측면과 원리적인 측면에서 적용을 나눌 때 더욱 풍성한 성경공부가 될 것입니다.

끝으로, 성경공부를 위한 공부를 하지 마시고 하나님의 음성을 듣겠다는 심정과 삶으로 표현되는 성경공부가 되도록 기도로써 준비하시기 바랍니다.

Contents

1 창세기 서론

【학습목표】

모세오경의 대략과 창세기의 전체적인 구조와 흐름을 익히는 데 목표가 있다.

1. 모세오경(五經)이란 무엇을 말하는가?

모세오경은 pentateuchos에서 온 말로서 penta(다섯)이라는 말과 teuchos(부분, 권)이라는 말이 합쳐진 말이다.

2. 모세오경을 성경에서는 어떻게 부르는가?

▶ 신약의 경우

• 갈 3:10

• 마 12:5

• 눅 16:16

(참고, 막 12:26, 눅 2:22, 요 7:23)

▶ 구약의 경우

• 수 8:34

• 왕하 22:8

• 느 8:3

(참고, 수 8:31, 스 7:16, 느 10:28, 29, 단 9:11)

3. 모세오경의 저자는 누구인가? 다음 구절들을 통해서 정리해 보자.

• 신 31:9

• 눅 24:44

• 행 15:1

• 출 17:14

그러나 오경을 모세의 저작으로 보지 않는 학자들도 있다. 바벨론 포로 이후에 쓰여졌다는 주장을 하는 학자들이다. '출애굽기에서 신명기까지 기록된 것 같은 방대하고 풍부한 성문법이 어떻게 모세가 살던 시대에 가능했겠는가?'라는 부정적인 생각을 가졌다. 그러나 기원전 2250년 전, 고대 바벨론을 지배했던 왕인 함무라비의 법전이 발견된 후로는 그들의 주장에 힘을 잃었다.

4. 모세 오경 중 특히 창세기의 내용을 제일 처음 들어야 했던 사람들은 누구였는가? 즉, 제 1차 독자들은 어느 시대 누구였는가?

5. 창세기라는 명칭은 어디서 유래되었는가?

• 창 1:1

6. 창세기가 기록된 시기는 언제인가?

• 왕상 6:1

7. 창세기의 주제와 메시지에 대해서 정리해 보자.

1) 창세기는 여러 가지 [ ]을 말하고 있다.
2) 창세기는 모든 성경을 [ ]하는데 [ ]이 되는 책이다.
3) 이스라엘과 [ ]의 관계를 설명해 준다.
4) 오직 하나님만이 [ ]이심을 뚜렷이 보여준다.
5) 하나님은 [ ]이 되시고 인간은 그의 [ ]이 됨을 보여준다.

8. 창세기 개요

내 용	범 위
천지 창조	1:1-2:25
인간의 죄	
문명의 시작	
노아의 역사	
노아의 자손들과 바벨탑	
아브라함의 역사	
이스마엘의 자손들	25:12-18
이삭과 그의 아들들의 역사	
요셉의 역사	

적용하기

적용 질문에 따라서 개인적으로 작성해 보시기 바랍니다.

1. 하나님에 대해서 무엇을 배웠는가?

2. 나에 대해서 무엇을 배웠는가?

3. 삶의 우선순위에 조정이 있는가?

4. 가치관과 신념, 성품에 어떤 변화가 필요한가?

5. 생각이나 동기는 어떻게 바뀌어야 하는가?

6. 하나님께서는 내가 어떤 사람이 되기를 원하시는가?

2 천지창조 · 하나님의 왕국

1장

【학습목표】

창세기 1장을 통해서 하나님이 누구시며, 어떤 분이신지를 배우고자 한다.

"태초에 하나님이 천지를 창조하시니라" 모세가 이 메시지를 전할 때쯤 이방세계에서는 우주 창조에 대한 다양한 견해가 있었다. 종족들마다 많은 신들이 있어 그 신들에 의해 이 우주가 만들어졌다고 믿어왔다. 400여년간 애굽의 신들과 애굽 왕만 보고 자랐던 이스라엘 백성들도 야웨 하나님에 대한 믿음이 희미했다. 광대한 제국을 건설케 했던 애굽 신에 비해 여호와 하나님은 누구인가? 그가 만약 전능한 신이라면, 어찌하여 우리를 노예로 수백년간을 무관심하게 내버려두었단 말인가? 광야생활을 하고 있는, 그래서 아직은 여호와에 대한 개념이 미숙한 백성들에게 모세는 오직 "여호와" 하나님만이 온 세상의 주권자요 창조자임을 선포하고 있다. 이러한 선포는 그 당시의 다양한 우주 창조의 개념을 잠재우는 엄청난 폭탄과 같은 선언이었다.

창조의 시작 · 천지창조(1:1–23)

1. 하나님의 천지창조 선언이 중요한 이유는 무엇인가?

창 1:1

....

....

이것은 창세기의 기록 목적과 관계된 것이며, 창세기를 읽어야 하는 이유가 된다. 창세기 1장의 내용은 '진화냐, 창조냐?'를 설명하기 위해 쓴 것이 아님이 분명하다. 성경은 하나님의 존재를 증명하려 하지 않았다. 하나님이 계신 것을 전제로 시작하고 있다.

2. 하나님께서 우주를 창조하시고, 인간을 지으신 이유는 무엇인가?

3. "태초"라는 단어가 의미하는 것은 무엇인가?

창 1:1

용어해설

- **창조하다** – 무(無)에서의 창조를 암시하고 있다.
- **혼돈하며** – 어떤 틀이 갖추어져 있지 않은 상태를 말한다.
- **공허하며** – 무가치, 무의미의 뜻이 아니라 틀에 채워져야 할 내용물이 없다는 말이다. 즉, 혼돈하고 공허하다는 말은 인간이 거주하기에 필요한 것들이 갖추어져 있지 않은 상태를 말한다.
- **하나님의 신** – 하나님의 신이란 성령님을 가리킨다. 이 표현은 하나님의 능력의 출현을 뜻하는 것으로 이해했을 것이다.
- **운행하다** – "배회하다. 떨리다. 너풀거리다. 운행하다." 이 말들은 성령님의 창조사역을 설명하고 있는 말로서, 지구를 감싸고 돌면서 부단히 창조활동을 수행하시는 모습을 묘사한 말이다. 이 단어는 독수리가 자기 새끼를 보호하는 모습을 표현할 때 사용한 단어와 같다(신 32:11).

4. 하나님께서 천지만물을 "말씀"으로 창조하셨다. 그 말씀은 그대로 성취되었다. 엿새 동안의 창조사역을 정리해 보라? (창 1:3~23)

날(욤)	창조사역 내용	창조사역이 의미하는 바는?
첫째날		
둘째날		

셋째날		
넷째날		
다섯째날		
여섯째날		

날(욤) - "욤"이라는 단어가 오늘날 24시간의 하루인지, 아니면 장구한 기간을 의미하는 지는 학자들마다 다른 의견을 말하고 있다.

다양한 창조설

1) 중조론자
   우주가 2차에 걸쳐 창조되었다는 이론으로서 재창조설이라고도 한다.
2) 불확정 시대 이론
   날은 상징적인 것으로서 지질학적 기원을 가리킨다고 본다.
3) 하루는 한 시대 이론
   식물 등을 맨처음 발생시키는 기간으로서 24시간의 하루를 인정하기는 하되 그 다음까지는 수천년이라는 세월이 소요되었다고 가정한다.
4) 24시간의 여자적인 한 날 이론
   욤은 일차적으로 24시간의 하루를 의미한다. 밤이 수천년 동안 계속될 일이 없다. 제7일을 안식이라고 했으므로 다른 6일도 24시간의 하루가 되어야 한다는 주장이다. 최후 3일은 오늘날과 같은 태양으로 말미암아 되어진 날들이다. 그렇다면 최초의 3일도 같아야 하지 않는가?
5) 계시일 이론
   하나님께서 자신의 역사하신 내용을 모세에게 7일 동안 계시하신 것이라는 주장
6) 편의 이론
   성경 기자가 단순히 자료를 조직하기 위하여 편의상 "날"을 사용한 것이라는 주장

5. 창 1:1에서 "천지를 창조"하셨다는 말은 결국 무엇을 의미하는가?

6. 그러면, 이 모든 창조사역은 결국 누구를 위한 것인가?

7. 하나님은 그가 지은신 창조물을 보시고 "심히 좋았더라"라고 말씀하셨다. 이 말씀의 의미는 무엇인가?

창 1:4, 10, 12, 18, 21, 25, 31

동물과 인간의 창조(1:24-31)

동물들은 인간과 달리 땅과 자연과 아주 밀접하게 관련되어 있다. 지상의존적인 존재로 만드셨다. 그러나 동물들은 비유기체적이고 무생물체적인 피조물과는 다른 존재이다. 동물들은 때로는 '살아있는 혼'이라고 불리기도 한다(창 1:20, 21, 24). 생명의 일반적인 원리에서는 동물들도 '혼'을 갖는다. 그러나 살아 있을 때만이 혼이 있고 죽음과 동시에 없어진다. 즉, 동물들은 본능과 욕망과 감정들은 있으나 인간처럼 높은 인식능력과 욕구력이 없다. 물론 이성도 의지도 없다. 언어도, 종교도, 도덕도, 미적 감각도 없다. 더욱이 하나님이나 불가시적인 것들, 진, 선, 미에 대한 관념도 없다.

8. 동물도 식물처럼 그 종류대로(1:11) 창조하셨다. 그 종(種)은 그 종(種)을 생산할 것이다. 이것은 변이(變移)를 허용하지 않는다. 이를 본문은 어떻게 표현하고 있는가?

창 1:24-25

24하나님이 이르시되 땅은 생물을 그 (　　)대로 내되 가축과 기는 것과 땅의 짐승을 (　　)대로 내라 하시니 그대로 되니라

25 하나님이 땅의 짐승을 그 (　　)대로, 가축을 그 종류대로, 땅에 기는 모든 것을 그 (　　)대로 만드시니 하나님이 보시기에 좋았더라

- 가축 - 네 발을 가진 포유류 동물을 가리킨다.
- 기는 동물 - 많은 다리로 움직이는 것으로서 주로 곤충을 말한다.
- 땅의 짐승 - 가축과 구별된 야생 동물을 가리킨다.

인간창조(1:26-27)

인간은 천사와 구별된 존재이다. 그리고 동물과도 전혀 다른 존재이다. 그렇다고 인간은 신이 될 수 없다. 인간은 피조물이기 때문이다. 피조물이지만 인간은 하나님의 형상으로 지음을 받았다. 아름다운 하나님의 창조를 유지하기 위해서는 하나님의 형상을 가진 존재가 필요하다. 그래서 인간은 하나님의 창조 목적을 수행할 대행자로 지음을 받았다.

9. 인간은 하나님 앞에서 어떤 존재인가? (창 1:26-27)

26 하나님이 이르시되
우리의 형상을 따라
우리의 모양대로
우리가 사람을 만들고
그들로 바다의 물고기와 하늘의 새와 가축과
온 땅과 땅에 기는 모든 것을 다스리게 하자 하시고

27 하나님이 자기 형상 곧 하나님의 형상대로
사람을 창조하시되
남자와 여자를 창조하시고

용어해설

구약 성경에 표현된 '인간'이라는 단어는 4가지가 있다.

1) 아담 - 땅(창 1:27)
2) 이쉬 - 강하다, 능력있다(시 49:2)
3) 에노쉬 - 병들다, 약하다(시 8:5)
4) 께베르 - 강하다, 능하다(신 22:5)

• 인간은 질그릇과 같은 연약한 존재이지만, 로켓을 쏘아올릴 수 있는 강한 존재이기도 하다.

10. 인간 창조가 가진 특이성은 무엇인가?

창 1:26-27

11. 하나님의 형상인 인간에게 부여된 사명을 무엇인가?

창 1:28

12. 하나님께서 인간에게 부여하신 사명을 소위 "문화명령"이라고 부른다. 여기에 대한 설명을 들어보라.

창 1:26-28

13. 오늘의 말씀을 통해서 배운 하나님에 대한 생각을 정리해보고 나누어보자?

선생님, 질문 있어요

1.

2.

적용하기

적용 질문에 따라서 개인적으로 작성해 보시기 바랍니다.

1. 하나님에 대해서 무엇을 배웠는가?

2. 나에 대해서 무엇을 배웠는가?

3. 삶의 우선순위에 조정이 있는가?

4. 가치관과 신념, 성품에 어떤 변화가 필요한가?

5. 생각이나 동기는 어떻게 바뀌어야 하는가?

6. 하나님께서는 내가 어떤 사람이 되기를 원하시는가?

3 인간이 거처할 전원

2장

【학습목표】

창세기 2장을 통해서 하나님과 인간의 관계를 배우게 된다.

하나님은 엿새 동안의 창조 사역을 마치셨다. 그리고 일곱째 날에 안식하셨다. 하나님은 창조를 통치할 대리자를 세우신다. 그래서 인간을 하나님의 형상대로 즉 하나님과 닮은꼴로 만드셨다. 그리고 에덴동산을 창설하시고 이곳을 경작케 하셨다. 함께 살아갈 배필도 주셨다. 부족함이 전혀 없는 낙원이었다.

하나님은 인간을 지으실 때 하나님께 응답하고 반응하는 존재로 만드셨다. 여기에서 우리는 하나님과 아담(인류) 사이에 언약적인 요소를 발견하게 된다. 창조주인 하나님과 피조물인 인간 사이에는 무한한 질적인 차이가 있다. 그러나 하나님은 이 무한한 질적 차이를 좁히셔서 인간으로 하여금 대화의 대상자로 만드셨던 것이다. 따라서 하나님과 인간 사이에는 언약이 성립된다. 만약, 이 언약이 없다면 하나님께서는 요구만 하실 것이고 인간은 무조건 복종만 하게 되었을 것이다. 그래서 이 언약에는 요구사항과 의무사항이 분명하게 나타나고 있다.

만약 인간이 하나님이 요구하시는 요구를 잘 순종만 한다면 그에게는 하나님의 은총 속에서 영원히 거하게 될 것이었다. 물론 자발적인 순종을 말한다. 아담은 하나님이 명령하는 것이 선이고 금하시는 것이 악이라는 사실을 배우게 된다. 하나님은 에덴동산에 선악과의 열매를 먹지 말라는 명령을 내림으로써 인간에게 자발적인 순종의 기회를 주신다.

일곱째 날에 안식하심 (2:1~3)

1. 하나님은 여섯째 날까지 그의 창조사역을 완성하셨다. 그리고 일곱째 날에 안식하셨다. 그렇다면 '안식'의 의미는 무엇인가?

창 2:2

안식은 미래를 향해서 뻗어나간다. 안식은 그리스도의 구속사건으로 밝혀지고 열매를 맺어가면서 영원한 나라를 지향하고 있음을 알 수 있다. 따라서 창조의 마지막 날의 안식은 인간이 앞으로 새롭게 창조할 시작을 의미한다. 이렇게 창조와 종말은 밀접한 관계를 갖고 있다.

역사 속에서 발전하는 '안식'의 개념

안식일(출 20:10-11) ⇒ 안식년(레 25장) ⇒ 희년(레 25장) ⇒ 구원(신 5장) ⇒ 안식/기업(신 12장) ⇒ 기업(시 95장) ⇒ 이레(단 9장) ⇒ 구속(눅 4장) ⇒ 영원한 안식(히 4장) // 만약 인류가 타락하지 않았다면 천국 완성으로서의 여정이 순조로웠을 것이다. 타락 후 안식은 결국 파괴된 질서로부터의 회복을 의미한다.

2. 하나님이 일곱째 날에 무엇을 선포하셨는가?

2:2

2:3

인간이 거처할 에덴동산 (2:4~25)

이 동산은 모든 면에서 조금도 부족함이 없는 '기쁨의 전원'이었다. 이 에덴동산에서 아담은 땅을 경작하게 된다. 그리고 또 한 가지는 무엇보다 하나님의 금지명령인 선악과를 먹지 말아야 한다. 이 특정한 명령을 내리심으로써 인간에게 자발적인 순종의 기회를 주신 것이다. 이것을 어기는 것이 곧 '죄'다.

• 에덴 - 사치, 진미, 기쁨, 화려, 복락 등의 뜻으로 쓰였다.

3. 에덴동산에서 발원한 4대 강의 이름은 무엇인가? 지금의 위치는 어디인가? (창 2:10~14)

4. 에덴동산은 어떤 곳인가, 아는 대로 말해 보십시오?

창 2:10~14

1) 하나님께서 함께 거하시는 곳이다.

2)

3)

4) 하나님이 위탁하신 대리 통치가 있는 곳이다.

5. 하나님은 인간이 거처할 전원(田園)을 어떻게 설계하셨을까?

1) 인간의 잠재능력이 최대한 발휘되도록 설계하셨다.

2)

3)

흙으로 사람을 지으사 (2:7)

6. 흙으로 사람을 지었다는 것은 어떻게 지었다는 말인가?

창 2:7

7. 하나님은 인간의 코에 무엇을 불어 넣으셨는가? 이는 무엇을 표현한 말인가?

창 2:7

용어해설

- **생기** – 생명의 호흡을 말한다.
- **그 코에 불어 넣으시니** – 하나님께서 지으신 사람에게 생명을 주셨다는 표현이다.
- **생령** – '산 사람'이 되었다는 의미이다.
- **영과 혼** – '영'(루아흐)이란 '혼'(네페쉬)과 본질상 다른 것이 아니다. '영'이란 '혼'의 원동력이다. 강과 바다가 본질상 하나인 것 같이 '영'과 '혼'은 하나이다. 샘과 강이 바다의 근원인 것같이 '영'은 '혼'의 근원이 된다. 인간의 '영'이 인간의 육신을 통하여 知, 情, 意의 어떤 개성적인이요 인격적인 형태로 표현할 때 그것을 '혼'이란 명칭으로 불렀다. 그러나 '영'은 더 근본적인 지정의의 좌소로 보았다.

선악을 알게 하는 나무 (2:9~17)

아담은 하나님의 계명을 생명의 법으로 알고 지켜야 한다. 이 말씀을 지키는 것이 생명이요, 어기는 것이 죄이다. 말씀에의 순종 여부가 생명과 사망을 결정짓기 때문이다. 이 순종 여부를 알게 하시고자 선악을 알게 하는 나무를 에덴동산에 두신다. 여기서 아담은 생명은 오직 하나님께로부터 오는 것임을 배워가야 한다.

8. 에덴동산은 인간이 살기에 최적합의 환경이었다. 그 아름다움을 성경은 어

떻게 묘사하고 있는가?

창 2:9

9. 에덴동산에는 특별한 두 종류의 나무가 있다. 그 나무들의 이름과 상징적인 의미는 무엇인가?

1) 나무 이름 -

2) 상징적인 의미 -

10. 하나님이 인간에게 내리신 두 가지 명령은 무엇이며, 그 이유는 무엇인가?

창 2:16, 17

11. 선악과에 대한 명령이 하나님께서 인간과 맺으신 최초의 언약이다. 언약의 개념을 잘 이해하는 것이 성경 전체를 이해하는 데 도움이 된다. 그 내용은 무엇인가?

▶ 그렇다면 하나님은 언약의 방법으로 인간과 결속하시는가?

이 언약의 방법 외에 무한한 질적 차이가 있는 하나님과 인간 사이에 부모와 자녀 같은 관계를 가질 수 없다. 이 언약 관계를 통해서만이 인간은 강압에 의해서가 아니라 감사하면서 자원으로 하나님을 섬길 수 있게 된다. 인간을 인격적인 존재로 지으셨기 때문이다. 물론 창세기 2장에는 언약이라는 단어는 없다. 언약이란 단어는 창세기 6:8에 처음 등장한다. 그렇다면 어떻게 언약관계에 있음을 알 수 있는가? 호세아 6:7에는 "그들은 '**아담처럼**' 언약을 어기고"라는 말에서 아담과의 언약의 근거를 찾아볼 수 있다. 또 롬 5:19, 고전 15:21-22에서도 아담이 언약의 대표로 등장하고 있음을 볼 수 있다.

12. 인간이 선악과를 먹지 말아야 할 이유는 무엇인가?

창 2:17하

13. '정녕' 죽는다는 '반드시 죽는다'라는 뜻이다. 히브리어로 '정녕'이라는 말의 의미는 무엇인가? 이렇게 말씀하신 의도는 무엇인가?

창 2:17하

14. 그렇다면 선과 악의 기준은 무엇이 되는가?

창 2:16, 17

15. 이 언약을 어겼을 때에는 어떻게 회복시킬 수 있는가?

히 9:22

16. 하나님은 왜 선악과를 만드셔서 이렇게 사람을 곤경에 빠지게 하시는 것일까?

▶ 언약의 개념으로만 설명할 수 있는 문제입니다. 언약의 관점에서 풀어보시기 바랍니다.

여자의 창조(2:18~23)

17. 하나님께서 여자를 창조하신 이유는 무엇이며, 사명은 무엇인가?

창 2:18, 20-22

18. 아담은 첫 눈에 하와에 대한 만족감을 표현한다. 표현은 무엇인가?

창 2:23

결혼, 부모를 떠나 (2:24~25)

19. 결혼의 본질은 무엇인가?

창 2:24

20. 결혼 제도는 누가 세우신 것인가?

창 2:24, 25

21. 하나님의 창조 질서 속에는 인간이 준수하여야 할 세 가지가 있다. 이것은 하나님이 정하신 것으로서 인간이 꼭 지켜야 할 변할 수 없는 내재적 원칙이다. 따라서 인간의 타락 이후에도 계속 이것은 지켜져야 한다. 이 세 가지에 대해서 정리해 두도록 하자.

1) 안식일

2) 결혼

3) 노동

선생님, 질문 있어요

1.

2.

적용하기

적용 질문에 따라서 개인적으로 작성해 보시기 바랍니다.

1. 하나님에 대해서 무엇을 배웠는가?

2. 나에 대해서 무엇을 배웠는가?

3. 삶의 우선순위에 조정이 있는가?

4. 가치관과 신념, 성품에 어떤 변화가 필요한가?

5. 생각이나 동기는 어떻게 바뀌어야 하는가?

6. 하나님께서는 내가 어떤 사람이 되기를 원하시는가?

4 인간의 타락과 구속 예언

3장

【학습목표】

창세기 3장을 통해서 사탄의 계략과 인간을 향한 하나님의 구원이 선포되는 것을 배우게 된다.

에덴동산은 조금도 부족함이 없는 최고의 전원이었다. 아담 부부는 이 동산을 경작하며 관리해야 한다. 여기에는 인간의 노고가 필요하다. 에덴동산은 인간의 잠재 능력을 최대한 발휘하도록 설계하셨던 것이다. 이 살기 좋은 에덴동산에 불청객이 찾아왔다. 이 불청객은 하나님이 아담에게 주신 금지 명령을 이미 알고 있었다. 사탄은 드디어 엄청난 계획을 세운다. 아담 부부로 하여금 범죄하게 한다면 하나님의 원대한 계획은 물거품이 되는 것이 아닌가? 사탄은 하나님의 왕국을 파괴하기 위하여 이들 부부에게 접근전을 시도한다. 그리고 그들에게 하나님과 같아질 수 있다는 환상을 주어 하나님이 금하신 선악과를 따먹게 함으로 범죄케 한다. 그러나 하나님은 그 죄의 책임이 사탄에게 있다고 말씀하시지 않는다. 인간은 하나님의 형상을 가진 인격체이기 때문이다. 도대체 이 불청객인 사탄은 어떤 존재란 말인가? 그리고 하나님의 명령을 어긴 인류는 어떻게 되어갈 것인가? 창세기 3장은 인간의 타락이 언급되었지만 이들을 구원하시려는 하나님의 승리를 선포하신 장이기도 하다. 하나님은 사탄의 고도의 전략이 결국은 실패할 것이라고 선포하신다.

사탄의 유혹과 인간의 타락 (3:1~7)

에덴동산은 하나님 나라의 패턴이다. 여기서 절대주권을 가진 왕으로서의 하나님과 인간이 누리는 자유의 범위를 보게 된다. 하나님나라이기에 왕은 그의 백성에 의해 도전 받아서는 안 된다. 인간은 아무리 피조물의 정상이요, 하나님의 형상이지만 전적으로 하나님께 의존해야만 하는 존재였다. 따라서 에덴동산은 모든 피조물들이 기꺼이 그 공의로우신 통치에 순복하는 하나님의 통치영역이었다.

1. 그런데 에덴동산에 나타난 불청객은 누구인가? 그리고 그의 성품은 어떤가?

창 3:1

2. 뱀의 첫 번째 질문(3:1)에 대한 하와의 대답은 어떠했는가? 그렇다면 왜 사탄은 여자에게 먼저 접근을 시도했을까?

창 3:2-3

3. 이에 대한 뱀의 대답은 무엇인가?

창 3:4-5

4. 뱀의 대답에 대한 하와의 반응을 어떠했는가?

창 3:6, 비교 : 요일 2:6)

5. 결국 하와는 그 실과를 누구에게 주었는가? (창 3:6)

창 3:6

6. 아담은 마침내 전적 순종을 요구하시는 하나님의 말씀을 무시하고 하나님과의 언약을 파기하고 만다. 장미 빛 같은 환상의 세계를 꿈꾸면서 말이다. 사탄은 늘 인간에게 이런 장미 빛 인생을 약속한다. 물론 뒤에는 칼을 숨기고 있다. 문제는 그리스도인조차도 그의 약속에 넋을 잃고 쳐다볼 수 있다는 데 있다. 이제 아담에게는 어떤 결과가 올 것인가?

창3:7(비교 ; 창 2:25)

7. 이에 그들의 눈이 밝아졌는가? 자, 그런데 결과가 어떻게 나타났는가?

창 3:5 참고

사탄('적'이라는 뜻)의 존재

에덴동산에 등장했던 사탄은 어디서부터 나타난 존재일까? 이에 대해서는 성경이 우리에게 자세히 말하고 있지 않다. 천사들이 언제 창조되었는지 정확히 알 수 없다. 그러나 우리는 천사들이 있다는 것과 그들 중 일부가 타락했다는 것을 알 수 있다. 사탄은 인류가 창조되기 전에 창조된 신분이 아주 높은 천사였으나 창조주를 반역하여 하나님과 사람에 대한 가장 큰 적대자가 되었다. 어떤 사람들은 천사의 창조와 타락을 창1:1보다 훨씬 더 앞선 것으로 보기도 하지만, 성경적 근거가 없다. 만약 그것이 사실이라면 하나님은 모세를 통하여 그런 언급을 조금이라도 했을 것이다. 천사도 피조물이기에 그렇다면 6일 창조 안에 창조되었을 것이다. 천사들의 창조주 하나님께 대한 반역은 6일 창조 후에 일어난 것으로 보아야 한다. 어쨌든 천사의 타락이 인간의 타락보다 앞서는 것은 분명하다. 인간은 이 사탄의 조정을 받았던 뱀의 유혹에 빠졌기 때문이다. 천상에서 천사의 하나님에 대한 반역이 있었다. 이 타락한 천사는 내어쫓겼고 이들 사탄도 하나님의 나라를 따라서 사탄의 왕국을 조직했다. 그리고 사탄은 인류를 구속하시기 위해서 오시는 메시아를 이 세상에 탄생하지 못하도록 총력전을 벌인다. 메시아가 오셔서 십자가를 지고 구속을 완성하심은 결국 사탄의 나라의 붕괴를 의미하기 때문이다.

아담을 찾아 심문하심 (3:8~13)

아담과 하와는 하나님의 계명을 어겼다. 죄를 지은 것이다. 이제 하나님은 이들을 부르신다. 그리고 심문하신다. 물론 하나님은 분노로 이들을 대하시지 않는다. 오히려 놀라움을 가지시고 반응하신다. 아담과 하와는 사실을 그대로 이야기하기 보다는 자기가 행한 일에 대해 책임을 전가하려 한다. 이는 죄진 자의 특성이다.

9. 아담 부부는 지금까지 그렇게 다정하셨던 하나님이 두려워졌다. 무화과나무 잎을 가리고 숨었지만 불안하고 초조했다. 하나님과 기쁨을 누리던 동산이 이제는 공포와 두려움의 동산이 되었다.

아담과 하와는 동산을 거니시는 하나님의 음성을 들었을 때 어떤 반응을 일으켰는가? 그리고 그 이유는 무엇인가?

창 3:8

10. 하나님은 이들에게 변화가 온 줄 아시고 그렇게 말해 준 자가 누구인가를 물으셨다. 아담의 단독 범행이 아니고 유혹자가 있음을 아셨다.
하나님의 심문에 대한 이들의 변명은 무엇인가?

• 아담의 변명(3:12)

• 하와의 변명(3:13)

하나님의 심판 (3:14~19)

이제 이 명령을 어겼기에 이들에게 심판이 내려진다. 물론 이들에게 즉각적인 죽음은 오지 않았지만, 이미 하나님과의 관계는 끊어져버렸다. 영적인 죽음을 가져왔다. 물론 육체적 죽음도 가져올 것이다. 죄의 최종 형벌인 영원한 죽음(지옥)을 가져왔다.

11. 하나님의 심판이 이들에게 내려졌다. 인간의 범죄로 인해 온 피조계가 저주를 받게 되었다. 누구에게 어떻게 내려졌는가?

- 뱀에게(3:14, 15)

- 여자에게(3:16)

- 아담에게(3:17~19)

12. 이제, 하나님은 인간의 어리석은 야망을 꺾으시고 인간들이 다시 창조주를 향해 부르짖게 하셨다. 왜, 하나님은 인간에게 다시금 은총을 베푸시는가?

창 3:15

창세기 2:17에 의하면, 인간은 갑작스런 종말을 가져왔어야 했다. 그러나 인간은 영적으로 하나님께 대하여 죽었고, 영적인 죽음의 상태에서 하나님과 교제도 할 수 없었지만 즉각적인 죽음을 당하지 않았다. 창세기 3:15에서 하나님은 여자의 후손에서 사탄의 권세를 멸하게 될 한 사람, 곧 인류를 구원할 메시아가 오실 것을 선포하신다. 창세기 3:15은 타락한 인류에게 구원에 대한 첫 언급이기에 학자들은 '원복음'(original gospel)이라고 부른다.

추방당하는 아담 (3:20~24)

아담 부부가 동산에서 추방당하는 것은 하나님의 말씀에 불순종한 결과였다. 아담은 영생을 회복하기 위해 에덴동산에 있는 생명나무로 쓸데없는 접근을 시도할지도 모른다. 그러나 생명은 오직 하나님의 손에 달려 있다는 것을 배워야 한다.

13. 하나님은 아담과 하와에게 무엇을 입혀주셨나? 그 의미는 무엇인가?

창 3:21

14. 하나님이 아담을 추방하신 이유는 무엇인가?

창 3:22

생명나무

이 나무는 실재하지 않았다고 보는 학자도 있다. 부스웰은 말하기를 생명나무라는 것은 실존하되, 그 나무가 영생을 주는 효능을 가지고 있는 것이 아니라 그 나무는 하나님이 성찬을 제정하심과 같이 지정하신 나무인고로 생명의 인호(印號)가 되었다고 주장한다. 칼빈도 이와 같은 입장에서, 생명나무는 그리스도를 상징하는 나무라 했다. 영생은 그리스도와 분리될 수 없다. 만약, 생명나무가 생명을 주는 것이라면 이원론이 되어진다. 생명나무 실과는 선악을 알게 하는 나무가 그랬듯이 그 실과에 어떤 생명의 효력이 있는 것이 아니었다. 이 나무들은 영생과 죽음을 상징하는 나무였을 뿐이다. 영생과 죽음은 하나님께 순종하느냐, 안 하느냐에 달려있는 것이다. 따라서 하나님은 이들의 헛된 시도를 처음부터 차단하신 것이다. 이들은 인간이 다시 하나님과 회복하는 길은 오직 하나님의 손에 달려 있다는 것을 앞으로 배워나가야 할 것이다.

15. 당신을 향한 하나님의 구원의 역동적인 역사를 경험하는가? 함께 나누어 보자.

선생님, 질문 있어요

1.

적용하기

적용 질문에 따라서 개인적으로 작성해 보시기 바랍니다.

1. 하나님에 대해서 무엇을 배웠는가?

2. 나에 대해서 무엇을 배웠는가?

3. 삶의 우선순위에 조정이 있는가?

4. 가치관과 신념, 성품에 어떤 변화가 필요한가?

5. 생각이나 동기는 어떻게 바뀌어야 하는가?

6. 하나님께서는 내가 어떤 사람이 되기를 원하시는가?

5 최초의 살인 · 죄악의 확산

4장

【학습목표】

창세기 4장을 통해서 죄의 결과가 무엇인지를 배우게 된다.

하나님과의 수직적인 관계가 끊어졌다. 하나님과의 수직적인 관계가 끊어지자 자연히 인간과 인간끼리의 수평적인 질서도 깨어졌다. 아담의 타락으로 인한 죄의 세력은 더욱 빠른 속도로 확산되어 가기 시작한다. 가인이 자기 동생 아벨을 쳐 죽임으로써 비극은 이미 시작되었다. 사탄은 인간의 마음속에 미움을 잉태시킨다. 그 미움은 결국 성장하고 살인을 불러온다. 죄악의 물결은 온 세상을 뒤덮는다.

가인과 아벨의 제사 (4:1~4)

1. 아담은 첫 아들을 낳았다. 그 아이의 이름과 그 뜻과 첫 아들에게서 느꼈던 것이 무엇이었는지 말해보라.

창 4:1

2. 아담은 둘째 아들을 얻는다. 그의 이름과 뜻을 말해보라?

창 4:2

3. 가인과 아벨은 각각 하나님께 제사를 드렸다. 어떤 제물로 드렸는가?

창 4:3, 4

4. 하나님께서 가인의 제물을 받지 않으신 이유와 잘못은 무엇인가?

히 11:4

최초의 살인 (4:5~15)

5. 가인은 동생을 죽이는 인류 최초의 살인을 한 동기는 무엇이었나?

창 4:5, 7

6. 하나님은 가인을 찾으시며 계속 용서의 기회를 주셨다. 그러나 가인은 하나님의 은혜를 거절한다. 아우의 행방을 물으시는 하나님 앞에서의 그의 대답은 무엇인가?

창 4:9

7. 가인의 평생의 삶은 어떠했는가?

창 4:13, 14

에덴의 동쪽 (4:16~24)

가인은 에덴을 떠나 에덴 동쪽에 거한다. 그리고 성을 건축하며 그들만의 문화를 건설한다. 물론 하나님 없는 문화를 건설하며 자기들의 이익만을 추구한다.

8. 가인은 여호와 앞을 떠나 어디로 가서 정착하였는가?

창 4:16

9. 가인이 놋땅에서 착수한 일은 무엇인가?

창 4:17

10. 라멕은 두 아내를 취했다. 두 아내의 이름은?

창 4:19

11. 라멕이 불렀던 노래를 살인의 노래라고 한다. 그 노래의 내용을 무엇인가?

창 4:23,24

가인의 후손들은 하나님의 이름을 부르지 아니했다. 그들은 이기적이고, 교만하고, 복수에 불타고, 오직 인생만을 즐기려고 노력했다. 살인의 노래를 불러 하나님을 만홀히 여겼다. 라멕은 누군가가 자기를 죽이려했던 자를 죽였던 것 같다. 라멕은 살인행위를 하고나서도 부인들 앞에서 자기가 행한 일을 자랑하고 있다. 가인은 그가 지은 죄에 대해 불안해했고, 따라서 하나님께 그 벌의 무거움을 호소했지만 라멕에게서는 더욱 죄에 대해서 꺼리지 않게 되었음을 본다. 그는 철저히 자기 자신만을 의지했다.

12. 라멕의 두 아내에게서 난 자녀들의 직업은 무엇인가?

• 창 4:20 야발 :

• 창 4:21 유발 :

• 창 4:22 두발가인 :

13. 사탄은 가인으로 하여금 아벨을 죽이고 나서 쾌재를 불렀을 것이다. 하나님이 아담에게 하신 약속(창 3:15)이 무너지는 것이기 때문이었다. 그러나 하나님은 약속을 잊지 않으시고 다른 아들을 주셨다. 그 아들의 이름은 무엇인가? 그리고 셋의 아들인 에노스 때 사람들은 비로소 여호와의 이름을 부른다. 이제 여호와에 대한 공적인 예배를 드리기 시작한 것이다.
왜 그랬을까?
창 4:26

14. **죄의 영향력에 대해서 함께 나누어보자.**

선생님, 질문 있어요

1.

2.

적용하기

적용 질문에 따라서 개인적으로 작성해 보시기 바랍니다.

1. 하나님에 대해서 무엇을 배웠는가?

2. 나에 대해서 무엇을 배웠는가?

3. 삶의 우선순위에 조정이 있는가?

4. 가치관과 신념, 성품에 어떤 변화가 필요한가?

5. 생각이나 동기는 어떻게 바뀌어야 하는가?

6. 하나님께서는 내가 어떤 사람이 되기를 원하시는가?

6 아담에서 노아까지의 족보

5장

【학습목표】

창세기 5장을 통해서 하나님의 구원계획을 배우게 될 것이다.

가인의 후손들은 더욱 하나님께로부터 멀어져갔다. 죄는 더욱 확산되어 갔다. 그렇다면 셋의 자손은 어떤가? 경건했던 셋의 자손들 역시 점점 타락해 가고 있었다. 노아가 태어날 무렵에는 이미 그들의 타락에 제동을 걸 수 없을만큼 죄악이 관영해 갔다. 누가 이 엄청난 죄악에서 우리를 건져줄 수 없을까? 그리고 노아가 태어난다. 의인을 거의 찾아볼 수 없는 힘든 세대에….

셋으로 이어지는 계열 (5:1~28)

하나님은 아벨 대신 셋을 주셨다. 셋의 계보는 메시아의 탄생을 위한 구속사적 계보의 시작이라는 의미에서 그 의의가 매우 중요하다. 가인의 후손들은 하나님 없는 역사를 이루어가고 있는 반면, 셋으로 이어지는 후손들은 하나님을 모시며 예배하며 살아간다.

1. 5장에는 "낳고, 지내며, 향수하고, 죽었더라"가 몇 번 반복되고 있는가?

창 5장

"낳고, 지내며, 향수하고, 죽었더라"고 했다. 이들은 오랜 세월을 살아갔지만 결국은 죽었다. 죄의 결과임을 알 수 있다. 로마서 5장에서는 결국 인간들 위에 임한 사망은 율법 때문에 온 것이 아님을 설명하고 있다. 모든 인류에게 죽음을 가져온 것은 아담의 범죄 때문이다. 인간이 범한 최초의 죄는 그 자체로 계속 가만히 있지 못했다. 지금까지 죄가 얼마나 신속하게 팽창되어 퍼져나가고 있는가를 설명하고 있다. 그러므로 죄에 대해서는 그 모든 창조보다 더 강력한 신적 은총의 능력만이 죄의 문제를 해결할 수 있는 것이다.

톨레도트(족보)
어떤 사람이나 가족이나 더 넓은 사회적 집단의 기록을 말한다. 창세기에는 "~의 계보가 이러하니라"라는 말이 10군데나 나온다.

하나님과 동행한 에녹 (5:21~24)

2. 일반적으로 셋의 후손들은 하나님을 경외했다. 그 중에서도 하나님의 특별한 사랑을 받은 자는 누구인가?

창 5:21, 22

에녹은 하나님과 300년이나 동행하다 죽음을 보지 않고 승천한 분이다. 그는 65세에 므두셀라를 낳았다. 그리고 그의 나이 252세에 손자 라멕(노아의 아버지)을 낳았다. 손자 라멕이 113세에 에녹이 승천했다. 따라서 므두셀라와 라멕은 에녹이 하나님과 동행하며 경건한 삶을 살아가는 모습을 보고 자랐던 것이 확실하다. 이들을 보고 자란 노아가 어찌 믿음이 경건하지 않았겠는가?

3. 에녹이 살던 당시는 얼마나 사악한 시대였는가?

창 4:23이하

4. 에녹은 죽음을 보지 않고 승천한 사람이다. 왜 하나님은 에녹으로 하여금 죽음을 보지 않게 하셨을까?

사 57:1, 벧후 2:5-9

5. 하나님과 동행하는 삶이란 어떤 삶인가?

창 4:26; 5:24

죄로부터 구원을 기다리는 노아 (5:28~29)

노아가 태어날 무렵, 죄악은 아주 팽창해져 있었다. 인류를 멸망을 향하여 극단으로 치우치고 있었다. 따라서 경건한 사람들은 죄로부터의 구원을 목타게 그리고 있었다. 그러는 가운데 노아가 태어난다.

6. 노아의 이름의 의미는 무엇인가?

창 5:29 (참고, 겔 14:13-14, 히 11:7, 벧후 2:5)

7. 노아의 아들들은 누구, 누구인가?

창 5:32

8. 하나님은 인간의 죄에 대해 어떻게 반응하시는가?

창 3:9, 11, 13; 4:9-10

그러나 이들이 살던 때는 죄악이 이미 그 도를 넘고 있었다. 결국 에덴동산에서부터 시작된 인류의 역사는 죄로 점철된 역사였음을 본다. 그것은 하나님의 통치에 대한 끊임없는 반역의 역사임을 보여주고 있다.

9. 당신 개인이나 가정을 향한 하나님의 구원의 계획을 경험했는가? 그 경험을 함께 나누어 보자.

다음 이름의 뜻을 알아보자?

아담	땅, 흙	**마할랄렐**	하나님께 찬송
하와	생명	**야렛**	내려감
가인	얻음	**에녹**	시작하는 자
아벨	무, 헛됨	**므두셀라**	무기의 사람
셋	지정된 자	**라멕**	정복자
에노스	약하다	**노아**	안식
게난	대장쟁이	***에덴**	사치, 진품, 기쁨, 화려, 복락

***여자(이솨)**

자신과 똑같은 본질을 가진 '자기와 상응하는 돕는 자'이다. 남자(이쉬)에게서 취하였기 때문에 '이솨'라고 했다. 자기와 본질을 같되, 결코 비천함이나 종속성을 의미하지 않는 명칭으로 지었다.

선생님, 질문 있어요

1.

2.

적용하기

적용 질문에 따라서 개인적으로 작성해 보시기 바랍니다.

1. 하나님에 대해서 무엇을 배웠는가?

2. 나에 대해서 무엇을 배웠는가?

3. 삶의 우선순위에 조정이 있는가?

4. 가치관과 신념, 성품에 어떤 변화가 필요한가?

5. 생각이나 동기는 어떻게 바뀌어야 하는가?

6. 하나님께서는 내가 어떤 사람이 되기를 원하시는가?

7 당대에 완전한 자 노아

6장

【학습목표】

창세기 6장을 통해서 세상은 죄로 말미암아 물로 심판을 받지만, 인류를 구원하시려는 하나님의 사랑을 배우게 된다.

이제 모든 피조물은 홍수로 멸망당할 것이다. 하나님은 드디어 노아로 하여금 인류를 멸절시키시겠다는 최후의 통첩을 전하게 하신다. 노아와 그의 직계 가족을 제외한 모든 생명체는 전부 홍수로 멸망을 당하게 될 것이다. 노아는 앞으로 다가올 홍수를 대비하기 위해 하나님이 명령하신대로 방주를 짓는다. 하나님은 노아와 언약을 맺으신다(6:17~18). 그 '노아의 언약'의 본질이 무엇인가를 살펴보자. 왜 하나님은 노아와 언약을 맺으시는가? 세상은 죄로 인해 홍수로 쓸어버림을 당하지만 인류를 구원하시려는 하나님의 사랑은 변함이 없으시다. 그래서 하나님은 인류를 보존하신다.

노아가 살던 시대 (6:1~5, 11~13)

사람이 이 땅에 번성하기 시작했을 때, 그와 함께 죄악도 함께 관영했다. 가인의 자손들은 말할 것도 없고, 경건한 계통의 자손들도 그들과 함께 동화되었다. 땅에서 모든 혈육 있는 자의 행위가 패괴했다.

1. 노아가 살던 시대를 성경은 어떻게 표현하고 있는가?

창 6:2

2. 홍수 전의 죄의 상태와 하나님의 심판은 어떻게 묘사되고 있는가?

창 6:3, 5

하나님의 아들들은 누구인가? (창 6:2)

하나님의 아들들을 셋의 자손으로 보고, 사람의 딸들을 가인의 자손들로 보는견해가 있다. 기독교는 오랫동안 이 견해를 지지해 오고 있다. 창세기의 저자가 4장과 5장에서 악한 계열인 가인의 후손의 번성과 셋 계통의 번성을 이야기 하다 말고, 갑자기 천사나 악령, 또는 초자연적 존재를 언급할 리가 있겠는가? 지금 저자는 가인 계통의 엄청난 죄악의 파괴적인 영향력이 경건한 삶을 살아가고 있던 셋 계통의 자손에게도 자리잡게 되었다는 것을 말해주고 있는 것이다. 하나님의 아들들이라고 불리움을 받을 수 있는 사람들은 에녹처럼 하나님과 동행하던 사람들, 라멕처럼 하나님의 안위를 기다렸던 사람들이다.

3. 그렇다면 죄악이 관영하게 된 원인은 무엇인가?

창 6:2

4. 당시에 혼합족인 네피림은 누구인가?

창 6:4

네피림? (창 6:4)

창 6:4과 민 13:33에서만 나타난다. 그 유래와 어원이 불분명하다. 가끔 거인들이라고 번역되기도 한다. 그러나 히브리어 '레두파임(거인)'이라는 말과는 명확히 구분된다. 여기에 나오는 네피림을 천사가 사람의 딸들과 결혼해서 난 자들이라고 보는 견해도 있지만 고대 근동 국가들의 왕들과 유사한, 가인 계열의 통치자들 또는 왕들로 보는 견해도 있다. 민 13:33에서는 가나안 땅을 정탐하러 갔던 사람들이 네피림을 보았다고 했다. 네피림의 후손 아낙 자손이라고 묘사했는데 본문의 문맥으로 보아 이들은 거대한 민족이었음이 분명하다.

사람 지으셨음을 한탄하사 (6:6~7)

5. 죄의 결과로 하나님의 심판을 부르게 되었다. 하나님의 탄식을 살펴보라.

창 6:6, 7

용어해설

하나님께서 근심하셨다?

'근심하셨다'라는 말은 하나님이 인간을 만드신 것에 대해 잘못했다는 것을 의미하지 않는다. 이들의 죄악에 놀라셨다는 것을 의미하는 '신인동형론'적 표현이다.

신인동형론?

하나님을 묘사할 때 사람에 빗대어 표현하는 것을 말한다. 하나님은 모양도 없으시기 때문에 알 수 없으므로 사람의 모습에 비유하여 하나님에 대해 표현하는데 사용한다.

naham(한탄하다)?

이 말의 정확한 뜻을 확실히 알 수 없으나 '후회하다, 뉘우치다'라는 뜻이 아니라 '재평가하다' 또는 '변화된 상황에 비추어서 생각을 조정하다'라는 뜻이다. 하나님을 주어로 사용되는 경우, 사람 안의 변화로 야기된 상황에 대한 하나님의 평가를 말한다. 인간적인 용어를 빌어 사용해야 하니까 이렇게 표현한 것이다.

강포(hamas)?

창 1:31에 '보시기에 좋았더라'는 말과는 반대되는 뜻으로 언급하고 있다. 이 용어는 특히 하나님이 제정하신 질서가 현저히 파괴되었음을 가리킨다.

육체(바싸르)?

이 말은 단순히 생리학적인 '살'이나 피부를 넘어서 인간의 모든 영적 기능의 좌소를 가리킨다. 이러한 의미에서 육체와 하나님의 영은 대조적이다. 그렇다고 구약이 육신을 인간 반역의 상징으로 사용하고 있는 것은 아니다. 문제는 인간의 육신에 있는 것이 아니라 그의 마음, 즉 반역하려는 의지에 있다.

6. 하나님의 심판의 대상은 어디까지인가?

창 6:7

당대에 완전한 자, 노아 (6:9)

7. 노아는 어떤 자라고 소개되고 있는가?

창 6:8,9; 히 11:7

방주를 예비하라 (6:14~17)

8. 어떻게 방주를 지으라고 하셨는지 성경을 보면서 정리해 보자?

창 6:14~16

9. 방주에 들어간 사람들은 누구, 누구인가?

창 6:18

10. 사람들은 노아가 외쳤던 종말을 믿지 않았다. 그 이유는 무엇인가?

히 11:7

그러나 너와는 내가 언약을 세우리니 (6:18)

11. 하나님이 노아에게 주신 말씀은 무엇인가?

창 6:18

12. 노아 언약의 내용과 목적은 무엇인가?

창 6:18; 9:11

언약이란 무엇인가?

성경은 언약의 책이라고 할 수 있다. 그러나 언약 개념 전반을 한꺼번에 다 이해하기가 우리로서는 조금 벅차다. 성경의 근본 개념인 언약이 잘 이해될 때 성경을 보는 눈이 크게 달라질 수 있다. 이 '언약'이라는 단어는 구약에서만도 280개나 나온다. 언약의 본질은 '나는 너희의 하나님이 되고 너희는 내 백성이 되리라'고 하신 말씀 속에 나타나고 있다. 그러므로 언약의 내용은 '하나님 나라'이다. 우리는 그 최초의 '하나님의 왕국(나라)'을 에덴동산에서 보게 된다. 노아, 모세, 아브라함, 다윗과의 언약 등을 통해 '하나님의 왕국'은 더 자세한 모습을 드러내게 될 것이다.

13. 당신이 경험한 하나님의 사랑을 함께 나누어보자.

선생님, 질문 있어요

1.

2.

적용하기

적용 질문에 따라서 개인적으로 작성해 보시기 바랍니다.

1. 하나님에 대해서 무엇을 배웠는가?

2. 나에 대해서 무엇을 배웠는가?

3. 삶의 우선순위에 조정이 있는가?

4. 가치관과 신념, 성품에 어떤 변화가 필요한가?

5. 생각이나 동기는 어떻게 바뀌어야 하는가?

6. 하나님께서는 내가 어떤 사람이 되기를 원하시는가?

8 홍수의 시작·물로부터 구원

7, 8장

【학습목표】

창세기 7, 8장을 통해서 하나님의 유예(猶豫)기간과 심판의 냉혹함을 배우게 된다.

하나님은 언제나 심판이 있기 전에 경고를 내리신다. 그것은 인생들에게 다시금 하나님께 돌아오라는 은혜의 기간이었으리라. 또한 심판에 대한 변명의 여지가 없음을 보여주는 것이기도 하다. 그러나 사람들은 회개하지 않는다. 세상에서는 여전히 노아를 향한 비웃음의 소리로 가득했다. 거룩한 하나님을 멸시하는 함성, 환락의 늪에 빠져 허우적거리면서 질러대는 교성이 한데 어우러져 방주 너머로 들려오고 있다. 하늘은 여전히 맑았을 것이고, 태양도 여전히 비치고 있었을 것이다. 미친 사람은 노아와 그 가족뿐이었다. 마침내 비가 내리기 시작한다. 비는 멈추지 않는다. 이미 방주는 승선을 완료했다. 하나님이 노아의 식구들을 닫아 넣으셨다. 구원의 문은 이미 닫혀버렸던 것이다. 구원의 문은 언제까지나 열려 있는 것이 아니다.

지금부터 7일이면 (7:1~4)

1. 대공사를 마친 노아에게 주신 명령과 칭찬은 무엇인가?

창 7:1, 4

2. 노아가 당시에 핍박을 받은 이유는 무엇인가?

창 6:9 (참고, 마 24:37-39, 벧후 2:5)

3. 노아의 방주에는 어떤 짐승들을 승선시켰는가?

창 7:2

7일 후에 홍수가 땅에 덮이니 (7:5~12)

4. 얼마 동안 비가 내렸는가?

창 7:4, 12

5. 홍수의 결과는 어떠했나?

창 7:21, 22

여호와께서 그를 닫아 넣으시니라 (7:13~16)

6. 하나님께서는 홍수 심판 가운데서도 노아에게는 구원을 베푸신다. 히브리서에서는 노아의 믿음을 어떻게 표현하고 있는가?

히 11:7

7. 홍수로 멸망 받은 대상은?

창 6:11~13; 6:17; 7:4

8. 죄는 얼마나 무섭고 깊은 것인가? 이 홍수 심판으로 그 죄를 치료할 수 있었던가? 그렇다면 왜 하나님은 홍수로 온 땅을 멸하셨는가?

창 6:5~7

벧후3:4~6

홍수가 끝나고 (8:1~22)

9. 홍수 때의 그 많은 물들이 어떤 과정을 통해서 넘쳐났을까?

창 8:2

10. 얼마 동안 물이 뒤덮여 있었는가?

창 7:24; 8:3

11. 하나님께서는 홍수 후의 노아에게 어떤 명령을 내리셨는가?

창 8:17(비교, 창 1:28)

12. 방주에서 나온 노아는 제일 먼저 무엇을 했는가?

창 8:20

13. 하나님은 노아가 드린 제물을 받으시고 어떻게 응답하시는가?

창 8:21, 22

홍수?

이 단어의 유래에 대해서는 논쟁이 있다. 대체로 '하늘의 물저장 항아리'를 의미하는 어떤 단어로부터 유래했다고 본다. 시편 29:10에서는 이 용어가 궁창 위에 있는 물을 표현하고 있다. 신약에서는 '범람'을 의미하는 '카타클뤼스모스'이다(마 24:38-39, 눅 17:27, 벧후 2:5).

홍수에 대한 설화들이 많이 전해져 내려오고 있다. 그 중에 메소포타미아의 설형문자로 기록된 세 가지 홍수 기사가 흥미를 끈다. 수메르 역본의 '지우수드라', 길가메쉬 서사시에 나오는 '우트나피쉬팀', 앗수르 역본에 나오는 '아트라하시스' 등이다. 이들은 홍수에서 살아남은 주인공들이다. 물론 이런 설화들을 성경의 기사와 일치시키는 것은 문제가 있다.

홍수 일지

홍수 시작	노아 600년 2월 17일	내　　용
물이 150일간 창일함(7:24)	7일	① 2월10일 / 7일을 기다림(7:4,10)
	40일	② 40주야(7:12)
	110일	③ 110일간 계속 물이 불음(7:24)
150일간 물이 감함(8:3)	74일	④ 물이 물러가는 데 74일(8:5)
	40일	⑤ 까마귀를 내보냄(8:6-7)
	7일	⑥ 비둘기를 내보냄(8:10)
	7일	⑦ 비둘기를 다시 내보냄(8:12)
땅이 마름	57일	⑧ 방주 뚜껑을 제침(8:13)
		⑨ 땅이 마름 : 방주에서 나옴(8:14)
홍수기간 : 371일		노아언약

▲ 홍수는 1년 이상 걸렸다. 따라서 홍수가 국지적인 것이 아님을 알 수 있다.

아라랏 산은 어디쯤일까?

히브리인들은 아라랏 산맥에 세계에서 가장 높은 산이 있다고 믿어왔다. 후대 기독교인들의 전통은 아라랏 산의 가장 높은 산봉우리 가운데 하나인 '아그리닥(해발 5,165미터, 터키 북방 지방)이라고 보고 있다.

홍수 전과 홍수 후의 변화된 점들은 무엇인가(자연현상 중에서)?

궁창 위에 물이 없어짐으로 온실 효과가 사라졌다. 홍수 전에는 궁창 위의 물로 인해 지구 전체가 온난했을 것이다. 섭씨 25도 정도의 아열대 기후였을 것이다. 바람도 크게 불지 않았고, 밤과 낮의 일교차도 심하지 않고, 이런 기후에서는 옷을 입지 않고 살아도 될 수 있을 환경이었을 것이다. 일교차가 심하지 않으니 채식만 하고도 에너지를 보충할 수 있었다. 소식과 채식은 노화를 방지하고 자연 수명이 오래가게 했을 것이다. 궁창 위의 물은 보다 높은 곳에 있는 오존층을 보호했을 것이고 태양의 자외선을 차단, 해로운 광선을 차단했을 것이다. 홍수 후에 이런 것들이 다 파괴되었고 환경은 더욱 열악해졌다. (창조와 과학, 한국창조과학회편, 두란노)

14. 당신이 경험한 하나님의 심판의 냉혹함이 있는가? 함께 나누어보자.

선생님, 질문 있어요

1.

2.

적용하기

적용 질문에 따라서 개인적으로 작성해 보시기 바랍니다.

1. 하나님에 대해서 무엇을 배웠는가?

2. 나에 대해서 무엇을 배웠는가?

3. 삶의 우선순위에 조정이 있는가?

4. 가치관과 신념, 성품에 어떤 변화가 필요한가?

5. 생각이나 동기는 어떻게 바뀌어야 하는가?

6. 하나님께서는 내가 어떤 사람이 되기를 원하시는가?

9 노아의 언약

9장

【학습목표】

창세기 9장을 통해서 인간을 보존하시려는 하나님의 열심을 배우게 된다.

인류 전체의 부패 때문에 옛 세상을 홍수로 멸하셨으나, 인간을 보존하시려는 하나님의 열심은 홍수 후에도 뚜렷이 나타나고 있다. 하나님은 노아와 그 아들들을 축복하시고 다시는 인류를 홍수로 멸망시키지 않겠다는 약속을 하신다. 그 창조된 세계를 보존하시려는 하나님의 뜻이 창 9:1-7에서 뚜렷이 나타나고 있다. 하나님은 노아와 그 직계 자손을 통해서 이 땅 위에 다시금 그의 나라를 세워나갈 것이다. 방주에서 하선한 노아 일행은 하나님께 감사의 제사를 드린다. 하나님은 그의 제사를 흠향하신다. 그리고 새로운 명령을 내리신다. 이들은 생육하고 번성해야 한다. 최초의 아담에게 주어졌던 명령이 노아에게 다시금 하달된다. 그리고 노아와 언약을 맺으신다. 다시는 홍수로 세상을 멸하시지 않으시겠다는 것이다. 그리고 그 증표로 구름 속에 무지개를 두셨다.

새로운 출발 (9:1~7)

1. 하나님께서 홍수 후에 노아에게 주신 복은 무엇인가? 축복의 대상은 누구인가?

창 9:1,7(참고, 창 1:28)

2. 하나님은 이 목적을 위해 어떤 일을 하시는가?

창 9:2, 3, 4

인간에게 채소뿐만 아니라 동물도 허락하신다. 그러나 피에 의해 상징되는 생명 원칙을 존중해야 한다. 하나님은 피로써 상징되는 생명의 원리를 경외할 것을 요구하신다. 인류는 또다시 '생육하고 번성'하게 될 것이다. 이 명령이 잘 수행되려면 인간의 살인적 위협에서 보존되어야 한다.

내 언약을 너희와 너희 후손과 (9:8~17)

창세기 6:18에서 말씀하셨던 노아와의 언약은 홍수 후에 공식적으로 수립된다. 언약의 내용은 인간을 보호하시겠다는 약속으로서 다시는 홍수로 인류를 멸망하지 않으시겠다는 것이다. 그 증표로 구름 속에 무지개를 두신다.

언약?

언약(베리트), 계약, 동맹을 의미한다. 양자나 혹은 다수가 상호간의 권리와 의무를 정하여 협약하는 것을 말한다.

3. 창 6:18의 언약의 대상과 창 9:9,10을 비교해 보면서 어떤 차이가 있는지를 살펴보라?

창 6:18

창 9:9, 10

4. 그러면 그 언약의 핵심 내용은 무엇인가?

창 9:11

5. 홍수로 세상을 심판하지 않으신다는 증표는 무엇인가?

창 9:12, 13; 벧후 3:3-10

포도주를 마시고 취하여 (9:18~25)

이제 세상의 모든 죄악적인 요소들이 홍수와 함께 사라져버렸다. 정말 그럴까? 정말 세상의 죄악이 홍수와 함께 떠내려가 버렸을까? 아닐지도 모른다. 아니다. 죄는 다시 꿈틀대고 있었다. 그것도 홍수에서 구원을 얻은 장본인인 노아에게서 드러나기 시작한다.

6. 노아의 실패가 무엇인가?

창 9:21

'하체를 본다'는 것의 의미

하체라는 말은 '벌거벗음', '예절 없음', '불결한', '엿보다' 등의 뜻이 있다. 여기서 보았다는 말은 단순히 보았다는 의미가 아니라 오히려 '그가 주목했다'. 혹은 '그가 흥미 있게 응시했다'는 뜻이다. 어떤 학자들은 함이 그 아비의 하체를 보았다는 표현을 아버지와 성적인 즐거움을 본 것으로 해석하기도 한다. 그 해석이야 어쨌든 셈과 야벳의 행동으로 보아 함의 행동은 옳은 일이 아닌 것은 분명하다. 함은 신앙의 세계에서 어느 정도 떠났던 것 같다. 노아 홍수의 감격도 잊혀지고 있었다.

7. 그러나 노아의 나머지 아들, 셈과 야벳은 어떻게 행동했는가?

창 9:23

함의 저주

함의 아들 가나안은 그의 아버지로 인하여 그의 형제의 종이 될 것이라는 저주를 받았다(수 9:22-27). 그들은 팔레스틴의 거주민으로 처음에는 여호수아에게 나중에는 솔로몬에게 정벌 당했다(왕상 9:20, 21). 흑인종의 원조가 된다는 함족은 그 저주의 대상이 아니었다. 아주 작은 부분인 가나안족만이 연루되었다. 가나안족은 아무리 크게 확대해 생각해도 흑인종이라고 볼 수 없다.

셈의 하나님 여호와를 찬송 (9:26~27)

8. 하나님은 노아를 선지자와 재판장으로 삼으셨다. 노아는 그 아들들에게 저주와 축복을 내리셨다 그 내용은 무엇인가?

창 9:26

창 9:27

종들의 종?

종들 중에서 '가장 천한'이라는 뜻으로 말할 때 이것은 어떤 것을 나타내는 히브리어의 최상급의 표현이다.

9. 성경기자가 특별히 셈의 후손에게 초점을 두는 이유는 무엇인가?

창 9:26; 11:10; 11:26, 27

10. 당신을 향한 하나님의 열심을 경험하는가? 함께 나누어보자.

선생님, 질문 있어요

1.

적용하기

적용 질문에 따라서 개인적으로 작성해 보시기 바랍니다.

1. 하나님에 대해서 무엇을 배웠는가?

2. 나에 대해서 무엇을 배웠는가?

3. 삶의 우선순위에 조정이 있는가?

4. 가치관과 신념, 성품에 어떤 변화가 필요한가?

5. 생각이나 동기는 어떻게 바뀌어야 하는가?

6. 하나님께서는 내가 어떤 사람이 되기를 원하시는가?

10 노아의 자손들

10장

【학습목표】

창세기 10장을 통해서 인류 번성의 근간을 배우게 된다.

창세기에는 특별히 주요 족보들이 열 번이나 언급되어 있다. 이 계보를 통해서 어떻게 이스라엘이 형성되고 애굽에까지 와서 정착하게 되었는가를 기록하고 있다. 결국 어떻게 예수 그리스도가 태어나실 이스라엘 민족이 선택되고 형성되었는가를 추적하고 있다. 특히 10장에 나오는 계보는 장차 하나의 민족이 된 부족 집단이나 그들의 거주지를 기록한 것이다. 따라서 모든 나라들에 대한 완전한 목록을 기록한 것은 아니다. 이 목록은 열국의 통일성과 다양성을 개략적으로 그리고 있다. 결국 노아 홍수 이후에도 역시 인류는 한 혈통을 통해서 번성해 갔음을 알 수 있다. 성경 기자는 먼저 야벳의 후손들을 언급하고 있다. "셈의 하나님 여호와를 찬양하라"(창 9:26)는 축복이 아브람의 부친 데라를 언급함으로써 성취되었음을 보여준다.

야벳의 자손들 (10:1~5)

1. 야벳의 자손들을 정리해 보라?

창 10:2~4

야벳 자손

고멜	남부 러시아에서 온 인도 유럽 기원의 한 부류	
마곡	그 기원이 불확실하다. 호전적 민족 슬라브, 러시아, 불가리아인, 보헤미안인, 폴란드인, 슬로바키아, 크로티아인들	
마대	메대 인도인, 이란족에 속하는메데, 페르샤, 아프가니스탄, 쿠르트인	
야완	터기 해안에 살던 이오니아계 희랍인 후예는 희랍인 전체 헬라인, 로마인, 프랑스어, 스페인어, 포루트칼어, 이태리어 등 라틴어 문화권에 속한 족속	
두발과 메섹		
디라스	해안 민족의 하나인 투루사일 것이다. 트라키아인, 튜톤족, 게르만족, 스칸디나비아인, 앵글로색슨족, 영국인들	

2. 야벳 자손은 주로 어디에 머물렀는가?

창 10:5

함의 자손들 (10:6~20)

3. 함의 자손들을 정리해 보라?

창 10:6~8

함 자손

구스	애굽 남부에 있는 이디오피아(이디오피아, 이집트, 리비아인 등)	
미스라임	애굽, 구약성경에서 미스라임으로 기록됨	
붓	리비아(?)	
가나안	이스라엘, 레바논, 시리아의 일부 지역	
앗수르, 니느웨	헷은 터키에 있었던 강대한 나라인 헷 족속과는 구별해야 한다.	
니므롯	세상의 처음 영걸로, 즉 이디오피아에서 최초로 왕국을 건설하였으며 사냥에 능했다.	

4. 니므롯의 삶의 두 가지 특징은 무엇인가?

창 10:9, 12

셈의 자손들 (10:21~23)

5. 셈의 자손들을 정리해 보라?

창 10:21, 22

6. 아브람의 조상인 '에벨'은 누구에게서 탄생되었나?

창 10:21, 25

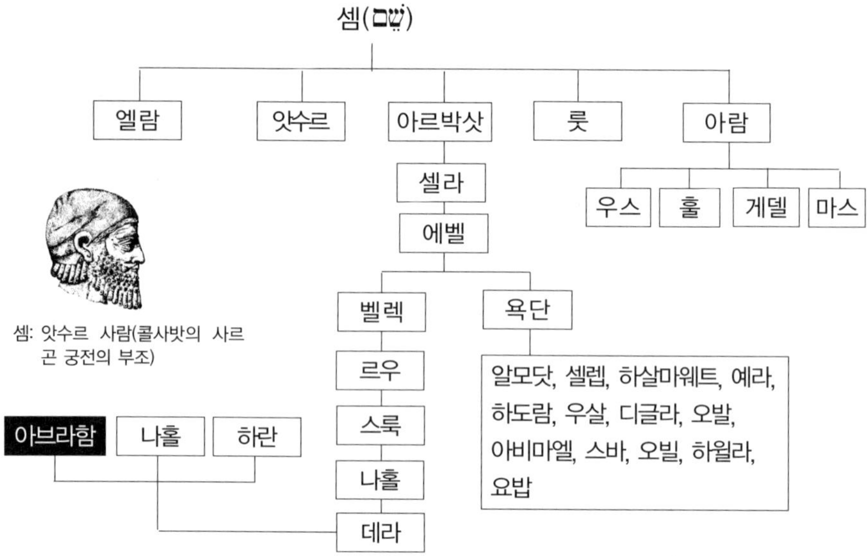

셈: 앗수르 사람(콜사밧의 사르곤 궁전의 부조)

7. 당신이 경험한 번영의 원인은 무엇이었는가? 함께 나누어보자.

선생님, 질문 있어요

1.

2.

톨레도트(Geneology)

1. 창세기에는 "-의 계보가 이러하니라."라는 말이 10번 나온다. 저자는 당시 1차 독자들에게 여호와 하나님이 하신 일을 소개하면서 너무 산만하게 기록할 수가 없었을 것이다. 그래서 독특한 문학적 형태를 사용해서 그들이 지금까지 경험하지 않은 과거의 장구한 역사를 한 눈에 알아 볼 수 있도록 기록했다.

2. 이 계보에 대한 기록이 단순히 아무렇게나 편집한 것이 아님을 알게 된다. 아주 치밀한 계획을 가지고 썼음을 본다. 저자는 10개의 독립적인 구성요소를 이용하여 창조와 애굽의 이스라엘에 관한 이야기를 연결시키고 있다. 또 이 구조를 통하여 인류의 단일성과 인류가 어떻게 하나님을 반역해 왔고 어떻게 민족들이 형성되었고, 언어들이 생기게 되었나를 보여주고 있다.

3. 창세기를 크게 두 부분으로 나누었다.
   1) 아담-아브람(창1:1~11:26)
      5번의 족보를 기록하고 있다. 이 부분은 태고사의 기간에 대해 언급하고 있다. 특별히 창9-10장은 아브람의 출현을 위한 무대를 제공하고 있다.
   2) 아브람-애굽 체류 때까지(12:1~50:26)
      5번의 족보를 기록하고 있다. 하나님이 어떻게 구원 역사를 이루어 가셨는지를 족보를 통해 보여주고 있다.

4. 창세기의 톨레도트의 구조

① 천지의 창조된 대략은 이러하니라	2:4-4:26	창조 및 인간의 불순종
② 아담 자손의 계보가 이러하니라	5:1-6:8	셋-노아의 계보
③ 노아의 사적은 이러하니라	6:9-9:26	타락, 홍수, 언약
④ 셈, 함, 야벳의 후예는 이러하니라	10:1-11:9	나라 목록, 바벨 사건
⑤ 셈의 후예는 이러하니라	11:10-26	셈-아브람의 계보
⑥ 데라의 후예는 이러하니라	11:27-25:11	아브람의 이야기
⑦ 이스라엘의 후예는 이러하니라	25:12-18	이스마엘의 계보
⑧ 이삭의 후예는 이러하니라	25:19-35:29	이삭-야곱, 축복의 전달
⑨ 에서의 대략은 이러하니라	36:1-37:1	에서의 계보
⑩ 야곱의 약전은 이러하니라	37:2-50:26	요셉, 애굽의 이스라엘

적용하기

적용 질문에 따라서 개인적으로 작성해 보시기 바랍니다.

1. 하나님에 대해서 무엇을 배웠는가?

2. 나에 대해서 무엇을 배웠는가?

3. 삶의 우선순위에 조정이 있는가?

4. 가치관과 신념, 성품에 어떤 변화가 필요한가?

5. 생각이나 동기는 어떻게 바뀌어야 하는가?

6. 하나님께서는 내가 어떤 사람이 되기를 원하시는가?

11 바벨탑 · 셈의 후예들

11장

【학습목표】

창세기 11장을 통해서 하나님으로부터 점차 멀어지는 인류를 배우게 된다.

드디어 하나님의 뜻과는 완전히 의도적인 대적이 일어난다. 바벨탑을 세우기 시작한 것이다. 강력한 중앙집권의 인간 나라를 세우려고 총력전을 펼친다. 누가 대공사를 주도하였을까? '니므롯'(반역자)이란 인물이다. 창세기 기자는 이 인물에 대해 주의를 환기시키고 있다. 니므롯을 '처음 영걸'이라 했다. 또한 특이한 사냥꾼이라고도 했다. 이 사람은 분명히 이웃을 무력으로 정복했을 것이고, 그 과정에서 많은 사람을 죽였을 것이다. 점차 그의 세력을 넓혀 나갔고, 마침내 대제국을 건설한다. 물론 이들의 공동체가 하나님을 받아들였을 리 만무하다. 하나님 없는 광대한 제국, 그 제국을 건설하면서 인류는 하나님을 대항한다. 하나님은 마침내 이런 인류에게 철퇴를 내리신다. 이들은 온 세상으로 흩어 버리시려고 마침내 하늘에서 강림하신다.

언어가 하나이었더라 (11:1)

1. 원래 언어는 몇개였는가?

창 11:1

....

....

2. 이들은 주로 어디에서 살았는가?

창 11:2

....

인류 최초의 대공사, 바벨탑 (11:3~4)

3. 사람들이 바벨탑을 세운 목적은 무엇인가?

창 11:4

4. 바벨탑을 세우는 것이 잘못인 이유는 무엇인가?

창 1:26, 28; 9:1, 7

5. 하나님은 왜 이들을 온 지면에서 흩어시는가?

창 11:9하

이들의 언어를 혼잡케 하여 (11:6~9)

6. 언어의 혼잡은 어떤 결과를 가져왔는가?

창 11:8, 9

셈의 자손들 (11:10~32)

7. 아브라함은 어느 후손에서 나왔는가?

창 11:10-26

8. 아브람의 부친 데라는 어떤 인물인가?

창 11:27, 수 24:2

9. 데라의 직계 자손들은 누구, 누구인가?

창 11:27

10. 아브람과 나홀은 누구와 결혼하였는가?

창 11:29

11. 사래가 잉태하지 못한 사실을 왜 언급하고 있을까?

창 11:30

12. 데라는 몇세까지 살았으며 어디에서 죽었는가?

창 11:32

13. 하나님께로부터 멀어졌던 경험과 회복의 경험을 함께 나누어보자.

선생님, 질문 있어요

1.

2.

창세기 1~11장 정리

창조주 하나님에 대한 인간의 반역이 어떻게 퍼져나갔는가를 추적하고 있다. 여기서 강조되고 있는 주제는 무엇일까? 무엇보다 강조되고 있는 점은 죄의 확산이다. 에덴동산이나 에덴동산 밖에서나 홍수 전이나 홍수 후나 죄는 항상 존재해 왔다는 것이다. 성경은 악의 기원을 설명하고 있지 않다. 그러나 인간 세상의 죄가 어떻게 들어왔는가를 명백하게 기술하고 있다. 에덴동산에서부터 인류의 역사는 어떤 역사인가? 그것은 하나님의 은혜의 통치에 대한 끊임없는 반역의 역사임을 보여주고 있다.

12 아브람을 부르심

12장

【학습목표】

창세기 12장을 통해서 하나님의 구원의 역사를 배우게 된다.

하나님은 새로운 무대를 준비하신다. 그리고 한 사람을 불러낸다. 그가 바로 아브람이었다. 셈족에서 난 한 아들(창 3:15)은 하나님이 계획하시는 새로운 무대의 주인공으로 등장한다. 이 부르심에 아브람은 믿음으로 순종했다고 말한다(히 11:8). 하나님은 아브람에게 자손과 기업을 주실 것을 약속하신다. 그리고 복의 근원이 되리라는 축복을 주신다. 하나님은 그에게 어떤 축복을 주시며 약속을 주시는가 살펴보자. 그에게 내려주신 축복은 오늘 바로 우리에게 주시는 축복과 약속이다.

내가 네게 지시할 땅으로 가라 (12:1)

1. 아브람에게 주신 하나님의 첫 명령은 무엇인가?

창 12:1

2. 왜, 아브람에게 본토 친척 아비 집을 떠나라고 명령하시는가?

창 12:2

3. **하나님의 명령을 받고 아브람은 어떻게 응답하였는가? 그때 아브람은 몇세였는가?**

창 12:4

갈대아 우르?

데라는 강 저편에 거하였다고도 했다. 강 저편은 티그리스강과 유프라데 강 사이의 대단히 비옥한 땅이었다. 이곳을 강 사이의 땅이라는 뜻으로 '메소포타미아'라고 불렀다. 우르는 이 지역의 중심지였다. 우르는 수메르 제국 전체에 막강한 영향력을 행사하던 도시국가였다. 도서관, 하수도, 상수도 시설은 물론이고 에어컨 시설을 갖추고 있는 집들도 있었다. 교역도 활발했고, 법 제도와 교육제도도 발달되어 있었다.

4. **아브람의 일행들이 처음 도착한 곳은 어디인가?**

창 12:6, 8

5. **왜, 하나님은 아브람을 가나안으로 부르셨는가?**

창 12:2~3

아브라함의 언약 (12:2~3)

아브람과 맺은 언약은 예언 역사 속에서 가장 기본적인 중요성을 지닌 획기적인 사건이다. 이것을 바로 아는 것은 이 언약이 완전한 결실에 이른 그리스도의 복음의 핵심을 이해하는데 결정적인 도움이 된다.

6. **창세기 11:1~9과 창 12:1~3은 어떤 관계가 있는가? 바벨탑 사건이 어떤 면에서 하나님께 죄악이 된 행위가 되는지를 이야기 해보라.**

7. 바벨탑 사건과 연관해서 아브람의 부르심은 어떤 부르심인가?

창 9:26; 12:1~3

8. 아브람의 생애를 주의 깊게 살펴보라. 하나님은 그의 생애에 위기 때마다 나타나셨다. 그때마다 하나님은 언약을 주셨다. 언제 어느 때 나타나셨는가?

창 12:1~3

창 13:14~17

창 15:5

창 17:1~10

창 22:16~18

9. 아브람이 공포, 불안, 슬픔, 절망 등이 있을 때마다 하나님은 그에게 나타나 위로와 확신을 주시고 새로운 약속을 주셨다. 그 거듭된 약속의 주 내용이 어떤 것이었는가?

창 13:14, 15:7

창 13:16, 15:5

창 15:18~21

창 17:6,16

창 22:18

위의 구절들을 보면 하나님의 약속은 자손, 땅, 모든 민족의 축복이라는 3중 약속을 보게 된다. 첫째는 아브람은 크게 번성하여 큰 민족을 이루게 하시겠다는 것이요, 둘째는 가나안 땅이 그의 후손들의 기업이 될 것이라는 것이요, 셋째는 아브람은 복의 근원이 되어 모든 민족에게 복을 미치게 하는 통로의 역할을 하게 된다는 것이다.

10. 아브람과 최초로 맺은 언약의 내용은 무엇인가?

창 12:2~3

11. 이 아브라함의 언약은 아브람 당사자에게만 주는 약속인가?

창 12:2(참고, 롬 4:8~21)

12. 훗날의 역사를 통해서 아브람과의 약속의 성취는 어떻게 이루어졌는가?

출 23:31, 신 10:22, 왕상 4:21

13. 아브라함의 언약에 대해서 사도 바울의 해석을 살펴보라.

갈 3:9, 14, 16, 29

14. 내가 떠나야 할 본토와 친척은 어디이며, 무엇인가 무엇이 나로 하여금 주님께로 가는 길을 막고 있는가? 방해물은 무엇인가?

아브람의 첫 번째 위기 (12:10~20)

15. 아브람은 가뭄을 이기지 못하고 애굽으로 내려갔다. 그 일이 잘못된 선택인가?

창 12:10

16. 애굽에서 아브람은 어떤 수모를 당하는가? 이 사건을 통해 말하고자 하는 내용은 무엇인가?

창 12:11~13

아브라함의 나그네 삶의 여정

① 우르	아브람의 원 고향은 밧단아람이었지만, 성장기는 우르였을 것이다.
② 하란	하란은 니느웨와 바벨론은 물론 다메섹과 두로와 애굽을 연결하는 중요한 교통의 중심지요 상업도시였다. 아브람의 아버지 데라는 갈대아 우르에서 떠나 이곳으로 이주하였다.
③ 세겜	아브람이 가나안에 들어와서 제일 먼저 우거한 곳이다.
④ 벧엘	아브람이 가나안에 들어와서 맨 처음 하나님 앞에 제단을 쌓은 곳이다.
⑤ 브엘세바	네게브 지방에 위치한 종교적 중심지로 우물로 유명하다.
⑥ 헤브론	사라가 임종한 곳이다.
⑦ 남방	사해 남서쪽에 위치한 삼각형 모양의 사막지대이다.

17. 왜 신자들은 성장하지 못하고 혼돈과 좌절에 빠져 있는가? 정성이 부족해서인가? 아니면 열심히 살지 않아서인가?

18. 언약의 개념을 확실하게 정립하라.

19. 당신의 가정을 이끄셨던 하나님의 사랑을 함께 나누어보자.

적용하기

적용 질문에 따라서 개인적으로 작성해 보시기 바랍니다.

1. 하나님에 대해서 무엇을 배웠는가?

2. 나에 대해서 무엇을 배웠는가?

3. 삶의 우선순위에 조정이 있는가?

4. 가치관과 신념, 성품에 어떤 변화가 필요한가?

5. 생각이나 동기는 어떻게 바뀌어야 하는가?

6. 하나님께서는 내가 어떤 사람이 되기를 원하시는가?

13 네 자손을 땅의 티끌 같게

13, 14장

【학습목표】

창세기 13,14장을 통해서 아브라함의 성숙의 단계를 배우게 된다.

인류를 구원하시려는 하나님의 계획은 아브람을 이방세계에서 부르심으로 일대 변혁을 가져온다. 그의 이름이 창대케 될 것이며, 그는 복의 근원이 될 것이다. 그렇다면 그 약속은 언제 이루어질 것인가? 아브람은 그 약속이 곧 성취될 것으로 기대했을 것이다. 그는 모든 것을 조급해 했다. 그는 곧 자녀의 생산을 원했을 것이다. 그러나 자녀는 잉태되지 않는다. 그리고 그 약속의 땅에 대한 성취도 장애에 부딪친다. 그러나 창13장에서는 아브람의 믿음이 한 단계 성장해 있음을 보게 된다. 그는 과거보다 더욱 신앙의 성숙이 있었다. 그는 어쩌면 하나님과의 언약을 깊이 묵상하고 있었을 것이다. 하나님이 아브람을 어떻게 인도하여 가실까?

애굽에서 나와 벧엘로 (13:1~4)

1. 아브람은 애굽으로 내려가 많은 어려움을 겪었다. 그러나 하나님의 축복으로 많은 소유물을 갖게 되었다. 얼마나 큰 축복을 받았는가?

창 13:1, 2(참고, 창 14:14)

2. 아브람의 애굽의 거주 기간을 평가해 보자.

네가 좌하면 나는 우하고 (13:5~13)

3. 아브람과 롯은 많은 식솔들과 재산으로 인하여 결국 헤어지게 된다. 이때 아브람의 제안은 어떤 것인가?

   창 13:8, 9

4. 결국 롯은 요단 온 들을 선택한다. 그리고 소돔에 정착한다. 과연 롯은 어떤 가치관을 가지고 이 땅을 선택했을까?

   창 13:10

5. 롯에게는 하나님이 아브람에게 주신 약속의 축복보다는 기름진 땅을 더 선호했다. 훗날 이 일로 인해 롯은 큰 재난을 만난다. 어떤 재난인가?

   창 14:1이하

6. 만약 당신이 롯처럼 선택의 기회가 주어졌다면 어떤 결단을 내렸을까?

롯의 선택, 그는 물질적인 것에는 양보가 없었다. 아브람에게 주어진 약속도 그에게는 대수롭지 않았다. 오직 세속적인 안락과 부귀만 눈에 어른거렸다.

네 자손을 땅의 티끌 같게 (13:14~18)

7. 이제 하나님은 롯과 작별한 후에 허전해 하는 아브람에게 또다시 나타나서 언약을 하신다. 그 언약의 내용은 무엇인가?

   창 13:14~17

롯도 사로잡혀 갔더라 (14:1~16)

8. 새로운 곳에 정착한 지역에 문제가 발생했다. 어떤 문제인가?
   창 14:1~12

9. 문제는 롯이었다. 롯에게는 어떤 문제가 발생하였는가?
   창 14:12

10. 롯의 소식을 접한 아브람은 어떤 행동을 취하였는가?
    창 14:14~16

11. 롯을 구한 소식을 통해서 아브람은 어떤 사람이었음을 짐작할 수 있는가?
    창 14:14

지극히 높으신 하나님의 제사장 (14:17~20)

어려움에 처한 롯을 구출하고 돌아오는 길에 아브람은 뜻밖에 인물을 만난다. 살렘왕 멜기세덱을 만나 그에게 축복을 받았다. 멜기세덱에 대해서는 자세히 언급되어 있지 않지만 그는 당시 예루살렘의 왕으로서 아브람의 가계와는 별도로 여호와의 신앙을 가진 인물이었을 것이다. 이 멜기세덱은 참 제사장이신 그리스도를 예표한다고 히브리서는 언급하고 있다(히 7장).

12. 살렘 왕, 멜기세덱에 대해서 공부해 보자.

① 창 14:17~20

② 시편 110:4

③ 히 7:1~3

④ 아브람이 바친 실일조를 멜기세덱이 받았다는 것은 그의 제사장직이 아론의 반차를 좇은 제사장직보다 우월한 것을 증명한다. 성경은 이제 그리스도멜기세덱의 반차를 좇은 대제사장인 것을 밝힌다(히 4:14~15)

⑤ 유대주의 전통을 따른 대제사장직은 임시직이요, 불완전함을 말한다. 때가 왔을 때 이것은 영구적이고 완전한 것으로 변화하지 않으면 안 된다. 레위 계통의 제사장이 아닌 멜기세덱과 같은 별다른 제사장이 일어난 것으로 보아 더욱 분명하다고 말한다.

⑥ 그러므로 지극히 높으신 하나님의 제사장, 멜기세덱에게서 우리의 영원한 대제사장이 되셔서 우리의 죄를 구속하신 예수님의 모형을 볼 수 있다. 우리의 큰 대제사장은 승천하신 자, 곧 하나님의 아들 예수시다(히 4:14).

13. 살렘 왕, 멜기세덱을 만난 아브람이 취한 행동은 무엇인가?

창 14:20

멜기세덱이 실제 인물이라면 하나님은 하나님이 선택한 민족 외에도 이 세상에는 하나님을 섬기는 소수가 (욥과 같이) 존재했음을 보여준다.

아브람을 승리케 하신 하나님 (14:20~23)

14. 전쟁에서 이기고 돌아오는 아브람에게 소돔 왕은 어떤 제안을 했는가?
    창 14:21

15. 이에 대한 아브람의 태도는 어떠했는가?
    창 14:22, 24

16. 당신은 가장 좋은 것을 하나님 나라를 위하여 포기할 수 있는가?
    창 14:22, 24

17. 아브람에게는 많은 고통의 순간이 있었다. 그리고 그 과정을 통하여 신앙이 성장했다. 당신의 삶속에서의 그런 경험을 함께 나누어 보도록 하자.

18. 당신의 신앙성숙 과정을 함께 나누어보자.

선생님, 질문 있어요

1.

2.

적용하기

적용 질문에 따라서 개인적으로 작성해 보시기 바랍니다.

1. 하나님에 대해서 무엇을 배웠는가?

2. 나에 대해서 무엇을 배웠는가?

3. 삶의 우선순위에 조정이 있는가?

4. 가치관과 신념, 성품에 어떤 변화가 필요한가?

5. 생각이나 동기는 어떻게 바뀌어야 하는가?

6. 하나님께서는 내가 어떤 사람이 되기를 원하시는가?

14 아브람과 맺으신 언약

15장

【학습목표】
창세기 15장을 통해서 하나님께서 아브람과 공식적인 언약을 맺는 것을 배우게 된다.

이제 땅의 약속은 '약속의 후손'에게로 그 관심이 옮겨졌다. 이 장은 특별한 의미에서 기념비적인 장이다. 이 약속은 다른 사람에 의해서가 아니라 바로 아브람 자신의 씨가 그의 유업을 이을 자가 되어야 한다는 보증을 확약해 주시고 계신다. 앞에서 언급한 약속을 정식으로 비준해 주신다. 이 언약이 영원히 변치 않으실 것이라는 것을 하나님의 명예를 걸고 약속하신 것이다. 그러나 이 약속은 하루아침에 이루어지지 않는다. 그것은 그의 생애 전반에 걸쳐서 이루어진다. 아브람의 삶은 인내가 필요한 기나긴 대장정이었다.

네 몸에서 날 자가 네 후사가 되리라 (15:1~5)

롯은 엘람 왕 그돌라오멜이 이끄는 연합군에게 포로로 끌려갔다. 롯에 대한 전광석화 같은 구출 작전은 아브람을 일약 가나안의 스타로 떠오르게 했다. 그러나 이 사건으로 말미암아 언제 다시 역습을 당할지 알 수 없는 상황이었다.
이 일로 아브람은 몹시 심란해 있었을 것이다.

1. 하나님이 아브람을 향해 두려워하지 말라고 하셨다. 왜 아브람은 두려워하고 있었는가?

창 15:1-7

2. 하나님께서 두려움에 빠져 있는 아브람에게 하신 말씀은 무엇인가?

창 15:1

3. 아브람은 누구를 그의 상속자로 삼으려고 했는가?

창 15:2하

4. 아브람이 자기 종들 중에서 상속자로 삼으려고 했던 이유는 무엇인가?

자기 집에서 태어난 종들 중에서 우두머리 종이 입양되는 관습은 고대 근동에서 광범위하게 퍼져 있었던 관습이었다.

5. 아브람의 이러한 행동에 대해서 하나님께서는 무엇이라고 책망하시는가?

창 15:4

6. 아브람이 이러한 행동을 하게 된 이유는 무엇일까?

창 12:1~3, 13:14~17

베리트

계약, 동맹이라는 말로 성경에서는 피로 맺은 약정 또는 삶과 죽음의 약정이라는 뜻으로 쓰인다. 하나님과 인간과의 결속의 궁극성을 표현한다. 창세기 9장에서 노아와의 언약이 아브라함에게서 다시 언급된다.

주 여호와(15:2)

'아도나이'는 '만유의 주'라는 뜻이다. 이 말은 '야훼'와 결합하여 아주 공손하게 상대방을 공경하는 어법으로 표현된다. 따라서 아브람은 하나님을 '아도나이'라고 부름으로써 하나님의 전능하심에 전혀 의심하지 않았음을 볼 수 있다. 하나님이 자기 생애를 주관할 권한을 가지신 분이심을 인정하고 있는 것이다.

아브라함이 여호와를 '믿으니' (15:6~21)

이 부분은 사도바울이 로마서 4장에서 "오직 구원은 믿음으로 말미암아 이루어진다"는 사실을 아브라함을 예증으로 제시할 때 인용한 유명한 구절이다.

7. 아브람이 하나님으로부터 의롭다하심을 얻은 이유가 무엇인가?

창 15:6

8. 15:6에 나타난 아브람의 믿음에 대해서 설명을 들어보자. (지도자)

① 성경이 구원하는 믿음이라고 할 때 이것은 어떤 믿음을 가리키는가?

② 구약에 있어서 하나님을 믿는다는 것을 무엇을 의미하는가?

③ 신약에서의 경우를 찾아보자.

④ 창 15:6에 언급된 믿음은 어떤 믿음인가?

9. 아브람이 하나님께 약속의 징표를 보여달라고 할 때 하신 말씀은 무엇인가?
창 15:8,9

10. 하나님께서 쪼갠 고기 사이로 지나가신다. 이것이 의미하는 바는 무엇인가?
창 15:17,18

11. 이 예식은 그 뒤로 1,400년의 세월이 흐른 뒤에 예레미야에게서 다시 언급된다. 이 말씀을 정리해 보도록 하라.
렘 34:18~20

12. 아브람의 후손이 거대한 민족이 되어 가나안에 다시 돌아올 때까지는 몇 년간의 세월이 흘러야 하는가?
창 15:13, 16

13. 이방의 객이 되었다는 것은 훗날 어떤 사건을 가리키는가?

14. 이제 아브람에게 하나님은 어떤 약속을 하시는가?

창 15:13

창 15:14

창 15:16

15. 보통 언약의 경우는 양 당사자가 쪼갠 고기 사이로 지나가야 했다. 그렇게 함으로써 각자 이행해야 할 책임에 대해 구속을 당하게 된다. 그러나 여기서 하나님은 그 약속을 이행하심에 아무 요구도 아니하심으로써 하나님이 혼자 성실하게 그 언약을 이행해 나갈 것임을 알려주신다.

이런 식으로 아브람과 언약을 맺으신 이유는 무엇인가?

창 15:17, 18

16. 당신을 향한 하나님의 언약이 있다. 함께 나누어보자.

선생님, 질문 있어요

1.

2.

▶ **언약의 통일성과 점진성에 대해서 정리해 보자.**

성경구절	내 용
창 12:1~3	• 갈대아에서 부르심. 너로 큰 나라를 만들고, 복주며, 이름을 창대케, 복의 근원이 될 것이다. 공적인 언약은 15장에서 수립된다. 12:1-3은 언약의 서곡에 해당한다.
창 13:14~17	• 롯과 헤어지고나서 • 동서남북을 바라보라. 보이는 땅을 너와 네 자손에게 주겠다. • 보다 구체적인 땅의 언급이다.
창 15장	• 10년이 지나서 언약이 정식으로 수립됨 • 아브람은 하나님을 '주 여호와'(아도나이 야웨)로 부른다. • 짐승을 드려 제사의식을 갖는다.
창 17장	• 그리고 약 14년이 지난후 언약이 더욱 구체적으로 드러난다. • 아브람의 이름을 아브라함으로 • 할례제도 설정, 종들과 이방인까지도 할례를 베풀 것을 명령하셨다.
출 19:5, 6	• 이런 아브라함의 언약은 모세의 언약 부분 안에 다시 나타난다. • 시내산에서 맺은언약이(출 20:22-23:33) 성경에 나타난 최초의 언약이 아니다. • 아브라함의 언약은 다윗 언약과 연결된다.

적용하기

적용 질문에 따라서 개인적으로 작성해 보시기 바랍니다.

1. 하나님에 대해서 무엇을 배웠는가?

2. 나에 대해서 무엇을 배웠는가?

3. 삶의 우선순위에 조정이 있는가?

4. 가치관과 신념, 성품에 어떤 변화가 필요한가?

5. 생각이나 동기는 어떻게 바뀌어야 하는가?

6. 하나님께서는 내가 어떤 사람이 되기를 원하시는가?

15 이스마엘의 출생

16장

【학습목표】

창세기 16장을 통해서 인간의 조급함과 인간적인 방법의 모습을 배우게 된다.

아브람의 아내 사래는 아브람의 유업을 이어나갈 아이를 낳지 못했다. 그들은 초조해졌다. 이들 부부는 마침내 비상수단을 동원했다. 그에게 여종이 하나 있었는데, 애굽 사람 하갈이었다. 아브람은 이 하갈을 통해 자녀를 생산하게 된다. 물론 이것을 하나님의 뜻이려니 했다. 그러나 이 여자의 자녀는 하나님이 약속한 자손이 아니었다. 이 일은 인간적인 방법으로 하나님의 뜻을 성취하려는 시도였다. 이 일로 인해 적지 않은 일들이 발생한다.

혹 그로 말미암아 자녀를 얻을까 하노라 (16:1~5)

이러한 일은 당시 사회관습으로는 아주 자연스러운 결정이었다, 누지 토판들은 아이를 낳지 못하는 부인이 그 남편과 하녀와의 사이에서 아이를 얻는 일이 흔한 일이었음을 보여준다. 그러다가 그 후에 본 부인이 직접 아이를 낳으면 그 아들이 상속자가 된다. 따라서 사래의 행위는 당시 사회제도의 관습을 따랐음을 볼 수 있다.

1. 하나님이 약속하셨던 자손이 태어나지 않자, 사래는 어떤 계획을 세우는가?

창 16:2

2. 하갈을 통해서 후손을 보자는 제안은 누가 한 것인가?

창 16:2상

3. 아브람이 하갈을 취한 후의 결과는 어떠했는가?

창 16:4-6

4. 구약시대에는 하나님이 다처주의를 용납하셨는가?

감찰하시는 하나님 (16:6~14)

하갈 "도망가다"는 의미이다.
이스마엘 "하나님이 들으시다"는 뜻이다. 하나님이 하갈의 억울함을 기억하셨다.

5. 하갈의 멸시를 참지 못한 사래는 하갈을 학대하기 시작한다. '사래가 아브람에게 이르되 나의 받는 욕은 당신이 받아야 옳도다'(5절) 이 말에 아브람은 무엇이라고 댓구하는가?

창 16:6

6. 쫓겨난 하갈이 여호와의 사자를 만난 장소는 어디인가?

창 16:7

7. 도망하는 하갈에게 여호와의 사자가 전한 말은 무엇인가?

창 16:9, 12

8. 하갈은 여호와의 사자를 만난 후 그 이름을 무엇이라고 불렀나? 그리고 그 뜻은 무엇인가?

창 16:14

9. 아브람이 이스마엘을 낳을 때가 몇세였는가?

창 16:16

10. 이스마엘도 아브람의 후손이다. 그런데 이스마엘은 성질이 난폭하고 호전적인 사람이다. 그의 후손들은 대대로 이스라엘을 대적하는 무리로 역사에 등장한다. 왜 이러한 평가를 받아야 하는가?

11. 사래의 선택을 보면 잘못된 세상의 관습을 끊는다는 것이 얼마나 어려운지 알 수 있다. 당신의 생활 속에서 잘 끊어지지 않는 세상 관습은 어떤 것이 있는가?

12. 하나님의 약속, 그 약속은 하나님의 때에 성취된다.

우리가 아무리 발버둥을 쳐도 하나님은 그 약속이 이루어져야할 시기에 정확하게 응답하신다. 그러나 인간은 그 약속이 당장 이루어져야 한다고 생각한다. 당신의 인내를 요구하는 기도의 제목이 있는가?

적용하기

적용 질문에 따라서 개인적으로 작성해 보시기 바랍니다.

1. 하나님에 대해서 무엇을 배웠는가?

2. 나에 대해서 무엇을 배웠는가?

3. 삶의 우선순위에 조정이 있는가?

4. 가치관과 신념, 성품에 어떤 변화가 필요한가?

5. 생각이나 동기는 어떻게 바뀌어야 하는가?

6. 하나님께서는 내가 어떤 사람이 되기를 원하시는가?

16 너는 열국의 아비가 될지라

17장

【학습목표】

창세기 17장을 통해서 하나님의 언약의 확실성을 배우게 된다.

이스마엘의 일이 있은 후 하나님은 아브람에게 침묵하셨다. 그 뒤로 세월은 흘러갔다. 물론 잉태의 소식은 없었다. 하나님이 이 일로 노하셨을까? 그 기다림의 시간 시간들, 벌써 100살이 가까워 오는데…. 아브람의 나이 99세, 인간의 모든 소망을 포기할 나이가 되었는데 하나님은 마침내 그 긴 침묵을 깨뜨리시고 아브람에게 나타나셨다. 지난 13년의 세월은 아브람이 인간의 방법을 통해 하나님의 역사를 이루려는 모든 희망을 포기해 가는 기간이었을 것이다. 인간이 자기의 연약함을 알고 모든 것을 포기할 때 하나님의 역사는 드러난다. 하나님은 아브람과 언약을 재확인해 주신다. 그리고 그의 이름도 바꾸어주신다.

너는 열국의 아비가 될지라 (17:1~8)

연약해질 때로 연약해진 아브람, 하나님은 아브람에게 다시 한번 과거의 언약을 상기시킨다. 그의 몸에서 태어날 자손과 기업에 관해 구체적으로 언급하신다.

1. 이스마엘을 낳고 하나님은 아브람에게 몇 세에 다시 나타나셨는가? 그리고 요구하신 사항은 무엇인가?

창 17:1

완전함 여기서 완전함이란 도덕적 완전성을 의미하지 않는다. 내부적인 삶과 외형적인 삶에서 올바른 믿음을 소유한 자는 온전한 자라고 할 수 있다. 물론 온전이라는 말 자체는 당연히 윤리적 의미를 가진다.

2. 왜, 하나님은 아브람으로 13년을 기다리게 하셨는가?

롬 4:19~21

3. 하나님이 아브람에게 하신 약속의 말씀은 무엇인가?

창 17:2

4. 이 약속의 말씀에 아브람은 어떻게 반응하는가?

창 17:3

5. 이제 아브람의 이름을 바꾸어주신다. 사래의 이름도 바꾸어 주신다. 이유는 무엇인가?

아브람 - (   ) 뜻:

사래 - (   ) 뜻:

- 엘 샤다이 : 언약을 세우실 때 보여주신 명칭이다.
- 야웨 : 언약을 성취할 때 보여주신 명칭이다.

6. 하나님은 이제 아브라함과 장차 태어날 그의 후손과 함께 세울 언약을 말씀하신다. 이 언약은 전적으로 하나님께서 이루어 가실 은혜의 언약이었다. **언약의 내용이 무엇인지 다음 구절을 통해서 대답해 보자(창 17:7, 8절).**

① 누가 언약을 세우는가?

② 누구와 언약을 세우는가?

③ 언약의 주인은 누구인가?

④ 언약을 세우신 목적은 무엇인가?

7. 로마서 4:17~22은 아브라함을 어떻게 소개하고 있는가?

너희 중 남자는 다 할례를 받으라 (17:9~14, 23~27)

하나님은 아브라함과의 언약의 표징(sign)으로서 할례를 명하신다. 이 할례가 언약의 표징이라고 말하고 있으면서도 이 할례를 받는 것 자체가 언약이라고도 언급하고 있다. 그 중요성을 말하고 있다. 이방인과 종까지도 할례를 받아야 했다. 그렇지 않으면 그 가족 및 공동체에서 끊어지게 될 것이다.

8. 할례제도를 만드신 이유는 무엇인가?

창 17:10-11

9. 할례를 받아야 할 대상자들은 누구인가?

창 17:12-14

10. 왜 이방인이나 종들까지도 할례를 베풀어야 하는가?

창 17:12, 13

11. 태어난 지 몇일 만에 할례를 시행해야 하는가?

창 17:12

12. 할례는 신약에서 무엇으로 바뀌는가? 할례의 구속사적 의미를 말해보라.

마 28:19, 20

13. 마음의 할례는 어떻게 받는 것을 말하는가?

렘 4:4, 겔 44:7~9

할례의 영적인 의미

① 아브라함과 하나님의 계약 표시, 유대인과 이방인의 구별, 가견적 교회에 입회한다는 표. 신약에 세례를 예시한다.

② 고후 1:22, 엡 1:13, 엡 4:30 등에서는 신약 성도들이 성령을 소유하는 것에 같은 말을 사용하고 있다.

③ 골 2:11. 할례와 세례의 관계가 설명되어 있다. 할례로 그리스도와 함께 된다는 사실을 말하고 할례와 세례가 서로 연관되어 있는 것으로 표현하고 있다. 이 할례는 물론 손으로 하지 아니한 할례를 말한다. 하나님 자신이 인간의 마음 속에 정화의 작업을 하신다.

④ 할례는 마음의 할례를 해야 한다고 성경은 강조하고 있다. 신 30:6, 신 10:16, 렘 4:4, 렘 9:25,26을 꼭 보라. 표면적 육신의 할례가 할례가 아니다(롬 2:28). 즉 유대인으로 태어났다고 해서 참 유대인이 아니다. 육체에 할례를 받았다고 참 할례가 아니라 마음의 할례, 즉 마음의 변화를 받은 사람만이 참 유대인이요, 율법에

의한 할례가 아니라 성령으로 받은 할례가 참 할례라고 말하고 있다(롬 4장).

⑤ 롬 4장에서 바울은 아브라함이 의롭다하심을 받은 사건이(창 15:6) 아브라함이 할례를 받기 전이라는 것을 보여주고 있다. 아브라함은 99세 때에 할례를 받았다(창 17:24). 그러므로 할례가 아브라함을 의롭게 한 것이 아니다. 할례는 이 믿음에 대한 날인(sign)이었다. 아브라함의 믿음을 받으시고 아브라함과의 언약을 끝까지 성취시켜 주신다는 사실을 확증해 주기 위해 덧붙인 것이라고 말하고 있다. 그러나 이 할례를 받지 아니하면 백성 중에서 끊어진다.

할례의 구속사적 의미

① 할례. 하나님께서는 아브라함과 그 후손에게 언약을 지키는 표로서 할례를 행하셨다. 이 할례는 아브라함과 언약을 맺으신 후 주어진 언약의 징표라고 말씀하신다.

② 구속적 의미. 할례는 백성들을 외적으로 조직된 공동체 이스라엘 속으로 이끄는 표시인 동시에 하나님과의 관계 속의 신분을 나타낸다. 특히 할례의식 속에 있는 외부적 표적을 통해 강조된 죄 씻음의 상징은 영혼 정화의 의미로 확대된다.

③ 출 12:43~49. 유월절에 참가하기 위해 할례를 받아야 한다는 조건을 나타낸다. 이방인들도 누구든지 할례를 받으면 이스라엘인과 동일선상에 놓인다(구속의 보편성). 이 경우 이스라엘은 구별된 민족의 단위가 아닌 하나님과의 관계에서의 백성으로 이해해야 한다. 따라서 유월절 식사에 참석할 수 있는 자격은 민족적 상징으로 보기보다는 하나님과의 관계에서 보아야 한다.

④ 신 10:16. 모세는 모압광야에서 백성들에게 마음의 할례를 행하라고 한다. 외적 할례가 아니라, 마음의 할례를 강조한다. 마음의 할례란, 결국 하나님이 명령하신 언약을 지켜 행하는 것이다(신 5:33).

⑤ 수 5:2~9. 출애굽 2세대들은 할례 받지 않은 민족이 되어 버렸다. 하나님은 여호수아에게 이들에게 할례를 명한다. 그것도 적의 진지 앞에서, 그렇게 함으로써 구속의 의미인 유월절을 지키고 약속의 땅에 들어가게 하셨다. 그래서 그곳 이름을 '길갈'이라고 했다.

⑥ 렘 4:4. 마음에 할례 촉구, 부패의 극에 달리던 이스라엘에게 하나님은 이방의 심판을 받게 하신다. 이때 예레미야는 백성들에게 마음의 할례를 촉구한다.

⑦ 겔 44:7~9. 에스겔도 예레미야와 같은 개념으로 마음의 할례를 외친다.

⑧ 복음서. 예수님도, 세례요한도 8일 만에 할례를 받으셨다. 그러나 할례 대신 세례를 가르치고 세례를 받으신 것은 율법주의 유대인에게는 도전적이었다. 이는 율법으로는 의를 이룰 수 없고 그리스도께서 대속적인 성질을 지닌 세례를 받아야 했

기 때문이었다.

⑨ 갈라디아서. 바울은 유대주의자들의 주장점에 대해 할례의 무가치함을 역설했다. 할례나 세례가 중요한 것이 아니라 오직 사랑으로 역사하는 믿음뿐임을 강조하고 있다.

⑩ 로마서. 할례의 무가치성에서 영적 가치성을 주장.

⑪ 에베소서, 빌립보서. 구원받아 새 사람이 되는 것은 표면적 할례가 아니라 그리스도 안에 있는 자라야 한다.

⑫ 결론. 진정한 할례는 외적 할례가 아닌 성령으로 성화의 길을 걷는데 의미가 있으며 그리스도 안에 의를 믿음으로 이루는 것이다. 그러므로 성경에 나타난 할례의 의미는 표면적 할례에서 내적 할례로 발전되고 그리스도의 믿음을 통한 성령의 역사로 구속적 적용을 갖게 될 때 진정한 의미가 나타난다.

사라가 정녕 아들을 낳으리니 (17:15~21)

아직도 하나님의 약속이 피부에 와닿지 않아서인가 사라는 자식을 주신다는 약속에 속으로 웃어버렸다. 너무나 오랜 기다림에 지쳐서였을까!

14. 약속의 소망은 누구에게 있는가?

창 17:19

15. 하나님은 사래의 이름을 바꾸어주셨다. 그 이름과 뜻은 무엇인가?

창 17:15

이름이 갖는 의미

구약시대에 이름은 어떤 사람이나 물체의 속성을 나타나는데 필요한 것으로 사용되었다. 아담도 각종 들짐승과 공중의 각종 새에게 이름을 지어 불렀다. 모두 그 속성들을 드러내는 이름으로 지었다. 이름은 그 인격과 그의 속성에 깊은 관계가 있음을 본다.

16. 하나님은 이스마엘에게 어떤 축복을 내리시는가?

창 17:20

17. 하나님께서는 아직도 의아해 하는 아브라함과 사라에게 하신 말씀은?

창 17:19

18. 아브라함의 언약은 그의 후손들에게 어떻게 계속되는가?

창 17:19

19. 언약의 확실성을 경험할 때는 언제인가? 함께 나누어보자.

선생님, 질문 있어요

1.

2.

적용하기

적용 질문에 따라서 개인적으로 작성해 보시기 바랍니다.

1. 하나님에 대해서 무엇을 배웠는가?

2. 나에 대해서 무엇을 배웠는가?

3. 삶의 우선순위에 조정이 있는가?

4. 가치관과 신념, 성품에 어떤 변화가 필요한가?

5. 생각이나 동기는 어떻게 바뀌어야 하는가?

6. 하나님께서는 내가 어떤 사람이 되기를 원하시는가?

17 소돔과 고모라의 멸망

18, 19장

【학습목표】

창세기 18,19장을 통해서 극악한 죄의 확산에 대한 하나님의 심판을 배우게 된다.

소돔과 고모라는 다른 어떤 지역보다 부패가 극에 달해 있었다. 그 부패는 결국 하나님의 심판을 불러왔다. 하나님은 마침내 소돔과 고모라를 멸망시킴으로써 오는 세대에게 경종을 울리시기로 작정하신다. 그래서 하나님은 두 천사와 함께 이 지역에 나타나셨다. 그렇다면 왜 나타나셨을까? 결국 아브라함은 이들이 천사였다는 것과 그 중에 한 분은 하나님이시라는 사실을 알게 된다. 그리고 무엇보다 죄악이 가득한 소돔과 고모라를 멸하실 것이라는 사실도 알게 된다.

네 아내 사라에게 아들이 있으리라 (18:1~5)

아브라함에게 자녀 출생의 약속을 확약한지 얼마나 지났을까? 지금 아브라함은 마므레 상수리 수풀 근처에 장막을 치고 있었다. 그러던 중 아주 특별한 손님들을 영접한다. 아브라함은 최선을 다해 이들을 대접했다. 사라는 이때까지도 자기 자신이 자식을 낳게 되리라는 확신이 없었던 것 같다. 이들 손님들은 아브라함에게 아내 사라가 자식을 갖게 될 것이라고 통보한다. 이 이야기를 장막 뒤에서 듣고 있던 사라는 속으로 웃어버렸다.

1. 아브라함은 어디서 누구를 영접했는가?

창 18:1~3

2. 히브리서는 이 사건에 대해 어떻게 설명하고 있는가?

히 13:2

3. 아브라함이 그들을 대하는 태도는 어떠했는가?

창 18:4~8

4. 이들 천사들은 아브라함에게 어떤 소식을 알려주었는가?

창 18:10

5. 이 이야기를 엿들었던 사라의 반응은 어떠했는가?

창 18:12

6. 사라의 이러한 생각에 이들은 어떻게 책망하였는가?

창 18:13,14

7. 결국 사라는 아이를 잉태하여 이삭을 낳았다. 히브리서 기자는 이 사실에 대해서 어떻게 설명하고 있는가?

히 11:11

소돔과 고모라의 죄악 (18:16~33)

소돔과 고모라 : 롯 당시의 사해의 최남부 동쪽에는 어떤 성읍이 있었는가? 이 일대는 기후가 온화하고 모압 산지에서 시냇물이 흘러내려 농사짓기에 알맞고 목축에 적합한 지역이었다. 남쪽 아라바 계곡에는 수개의 구리 광산이 있어 이들 성읍에서 이것을 채굴하여 이용했을 것으로 추측하고 있다. 이런 천혜의 자연환경으로 이 성읍이 부유해짐에 따라 점차 타락한 생활을 하게 되었다. 그 후 소알 이외의 성읍은 형적도 없이 소멸되었다.

8. 소돔과 고모라가 심판 받아 멸망당할 것이다. 소돔과 고모라의 성적 죄악이 이미 멸망의 도를 크게 넘고 있었는데 어느 정도인가?

창 18:20

9. 세 사람 중 두 사람(=천사)은 어디를 향해 갔으며, 무엇을 하러 갔는가?

창 18:21,22

10. 아브라함은 누구를 위하여, 어떻게 기도하였는가?

창 18:23,24

11. 아브라함은 하나님께 소돔 성에 의인이 있다면 심판을 유예시킬 수 있는가를 묻는다. 몇 명부터 몇 명까지 의인의 숫자를 낮추어 가는가?

창 18:24~32

12. 소돔과 고모라가 멸망당한 이유는 무엇인가?

창 18:20,21

13. 아브라함이 의인의 요구를 10명에서 멈춘 이유는 무엇인가?

창 18:32

죄악이 극에 달한 소돔성 (19:1~11)

하나님은 인간들의 죄악의 참상을 확인하고 싶으셨을까? 천사들은 현장을 목격한다. 그리고 그 부패 정도가 이미 정도를 넘어섰음을 확인한다. 오직 하나님의 심판만이 기다리고 있었다. 소돔성의 근본죄악이 동성연애였다. 구약성경에는 이 개념이 안 나타나지만 신약성경에는 언급되어 있다(유7절, 벧후2:6~10).

14. 천사들은 언제 소돔성에 도착했는가?

창 19:1

15. 천사가 도착했을 때 소돔성의 상황은 어떠했는가?

창 19:4, 5

16. 다급해진 롯은 천사들을 지키기 위해서 어떤 제안을 했는가? 결과는?

창 19:7, 8

소돔과 고모라 성의 멸망 (19:14~28)

17. 두 천사들은 롯에게 어떤 명령을 내리는가?

창 19:12

18. 롯의 간청에 대한 사위들은 반응은 어떠했는가? 또한 이 사위들의 모습 속에서 현대인들의 모습을 찾아보자.

창 19:14

19. 종말에 대한 세상의 태도는 어떻다고 성경은 가르치고 있는가?

눅 17:28, 29

20. 이렇게 다급한 상황 속에서 롯과 가족들의 태도는 어떠했는가?

창 19:15~22

21. 결국 롯의 아내는 어떻게 되는가? 그리고 롯의 아내의 모습 속에서 발견되는 나의 모습은 무엇인가?

창 19:26

22. 아브라함의 롯을 위한 기도는 어떻게 응답되었는가?

창 19:29

23. 예수님은 복음을 지독하게 배척했던 여러 성읍들을 향해서 하셨던 말씀은 무엇인가?

마 10:15, 11:23, 24

롯의 실수 (19:30~38)

가까스로 죽음의 고비를 넘긴 롯, 그는 지금 무슨 생각을 하고 있을까? 소돔과 고모라에 대한 심판은 지난 날들의 화려함을 일시에 날려버렸다. 순식간에 알거지가 되었다. 소알성으로 피신해 왔지만 롯은 여러 가지로 편하지 못하다. 그는 소알성을 떠나 산중에 거한다. 그의 두 딸과 함께. 그러나 미성숙한 신앙은 결국 파국을 맞는다 .

24. 롯과 두 딸은 구출받은 후 어디에 기거했는가?

창 19:30

25. 롯의 두 딸이 공모한 내용은 무엇인가? 그 이유는 무엇일까?

창 19:32

26. 롯의 두 딸이 낳은 자녀들은 누구, 누구인가? 그 이름의 뜻은 무엇인가?

창 19:37

27. 모압과 암몬족속과 이스라엘의 관계를 설명해보라.

신 2:8,9,19

민 25장.

28. 세상을 사랑하는 것이 우리의 신앙생활에 왜 문제가 되는가?

적용하기

적용 질문에 따라서 개인적으로 작성해 보시기 바랍니다.

1. 하나님에 대해서 무엇을 배웠는가?

2. 나에 대해서 무엇을 배웠는가?

3. 삶의 우선순위에 조정이 있는가?

4. 가치관과 신념, 성품에 어떤 변화가 필요한가?

5. 생각이나 동기는 어떻게 바뀌어야 하는가?

6. 하나님께서는 내가 어떤 사람이 되기를 원하시는가?

18 이삭의 출생

20, 21장

【학습목표】

창세기 20,21장을 통해서 하나님의 약속의 성취와 하나님의 방법을 배우게 된다.

사라의 나이 지금 90세가 아닌가? 그런데 사라가 얼마나 아름다웠기에 이 나이에도 탐을 냈을까? 아마 그런 것은 아닐 것이다. 그것이 아니라면, 아비멜렉은 결혼으로 거대한 집단인 유목인과 동맹을 맺으려 했을지도 모른다. 거기에 따르는 이익이 많았기 때문이었다. 어쨌든 아브라함은 여전히 그의 연약성을 드러내고 있었다. 이 일로 아비멜렉은 그의 생명을 잃을 뻔 했다. 그러는 가운데 아브라함은 마침내 자식을 생산한다. 그의 아들 이삭이 탄생한 것이다. 얼마나 오랜 기다림인가? 그 동안 인간적인 방법으로 그의 후사를 이으려는 노력을 했지만 하나님은 그때마다 사라에게서 때어날 자식을 통해 언약 백성이 창대해 질 것을 말씀하셨다. 이제 첫 번 약속이 있는 후 25년 만에 하나님의 약속이 성취되었다. 이 일로 아브라함은 하나님의 전능하심을 체험하게 되었고 그 자식의 이름과 같이 그는 기쁨의 웃음을 웃을 수가 있었다.

아브라함의 또 한차례 위기 (20:1~18)

1. 아브라함은 똑같은 실수를 저지른다. 전에는 어디에서 무슨 일이 있었나?

창 12:11~13

2. 아비멜렉의 무례한 행동에 하나님은 어떻게 역사하시는가?

창 20:3

3. 이에 대한 아비멜렉의 대답은 무엇인가?

창 20:4

4. 추상같은 하나님의 명령에 대한 아비멜렉은 어떻게 반응하는가?

창 20:8

5. 아브라함은 자기의 아내를 누이라고 한 동기를 무엇이라고 하는가?

창 20:11~13

6. 아브라함의 변명 속에서 찾을 수 있는 교훈을 말해보자.

창 20:13

7. 아비멜렉은 아브라함에게 호의를 베풀어 그의 잘못을 표시했다. 얼마나 어느 정도였는가?

창 20:14,15

이삭의 출생 (21:1–8)

8. 하나님은 그의 약속을 신실히 지키시는 분이시다. 사라는 마침내 아들을 낳는다. 아브라함 부부의 나이는 각각 몇 세였나?

창 21:5

9. 하나님의 명령을 따라 아브라함은 그 아들의 이름을 무엇이라고 했는가? 그리고 그 이름의 뜻은 무엇인가?

창 21:3

10. 사도 바울은 로마서에서 아브라함의 믿음을 어떻게 묘사했는가?

롬 4:19~22

11. 이삭이 젖을 떼는 날에 큰 잔치를 베풀었다. 이스라엘에서는 보통 몇 살에 젖을 떼게 되어 있는가?

삼상 1:21~25, 2:11

하갈의 소생이 이삭을 희롱 (21:9~21)

12. 이삭이 젖을 뗄 때에 아브라함은 큰 잔치를 배설한다. 당시의 풍습이 그랬던 것 같다. 이때 사라는 어떤 현장을 목격하게 되는가?

창 21:9

13. 사도바울은 복음과 율법의 관계를 설명하면서 이스마엘이 이삭을 희롱한 사건을 인용하여 설명한다. 사도 바울의 표현을 정리해보라.

갈 4:29~31

14. 사라는 아브라함에게 이삭을 희롱하는 이스마엘을 어떻게 처리할 것을 요구하였는가 그 이유는 무엇인가?

창 21:10

15. 사라의 요구에 대한 하나님의 방법은 무엇인가?

창 21:12

16. 아브라함은 어떻게 하갈과 그의 아들을 내보내는가?

창 21:14

17. 하나님은 울부짖는 하갈에게 나타나셔서 무엇을 약속하셨는가?

창 21:18

18. 쫓겨난 이스마엘은 그 후에 어떻게 되었는가?

창 21:20,21

19. 이삭의 경우를 통하여 하나님의 신실하심을 생각할 수 있다. 우리의 기도와 하나님의 응답의 때를 말해보라.

아비멜렉과의 언약 (21:22~34)

20. 그 당시 블레셋 왕 아비멜렉과 그의 군대 장관 비골이 아브라함을 찾아왔다. 이들은 아브라함에게 무엇을 요구하였는가?

창 21:27

21. 아비멜렉과 언약을 맺기 전에 아브라함은 아비멜렉에게 무엇을 요구했나?

창 21:25

22. 두 사람은 언약을 맺고 그 이름을 무엇이라고 했는가? 이름의 뜻은?

창 21:31

23. 당신을 향한 하나님의 약속은 어떻게 이루졌는가? 함께 나누어보자.

선생님, 질문 있어요

1.

2.

적용하기

적용 질문에 따라서 개인적으로 작성해 보시기 바랍니다.

1. 하나님에 대해서 무엇을 배웠는가?

2. 나에 대해서 무엇을 배웠는가?

3. 삶의 우선순위에 조정이 있는가?

4. 가치관과 신념, 성품에 어떤 변화가 필요한가?

5. 생각이나 동기는 어떻게 바뀌어야 하는가?

6. 하나님께서는 내가 어떤 사람이 되기를 원하시는가?

19 독자 이삭을 번제로

22장

【학습목표】

창세기 22장을 통해서 하나님의 요구와 인간의 응답을 배우게 된다.

아브라함은 우리가 생각하는 것처럼 완벽한 사람이 아니었다. 되풀이 되는 연약성에도 불구하고 그는 근본적으로 하나님의 신실하심을 잊지 않았다. 그는 하나님의 언약을 굳게 믿었고 또한 그의 명령에 순종하는 삶을 살았다. 그러한 과정에서 아브라함은 전보다는 높은 신앙의 차원으로 성장을 계속했다. 그럼, 우리의 믿음은 무엇으로 측정되는가? 우리의 신학적 지식으로? 우리의 열렬한 열변으로? 아니면 온 밤을 새우는 부르짖음으로? 우리는 자칫 외형적인 모습만 보고 믿음을 측정하려 한다. 하나님이 인정하시는 믿음은 어떤 것인가? 어쨌든 아브라함은 이제 그 믿음의 생애에 최고의 절정기에 와 있었다. 하나님은 그를 시험하신다. 왜? 그가 과연 어디까지 하나님을 신뢰할 수 있을까를 알기 위해서이다. 어떤 종류의 시험을 내실 것인가?

아브라함을 시험하시려고 (22:1~3)

1. 하나님께서 아브라함을 찾으신다. 이유가 무엇일까?

창 22:1

시험하다(나싸)

이 내용은 '순종할 수 있는가 없는가의 문제'가 아니라 '어느 정도까지 순종할 수 있는가에 대한 시험의 여부'로 보아야 한다.

2. 하나님께서 아브라함에게 시험하신 내용은 구체적으로 무엇인가?

창 22:2

3. 이 요구에 대한 아브라함의 반응은 어떠했는가?

창 22:3

4. 아브라함을 통해서 큰 민족을 이루시겠다는 그 약속은 어떻게 되는가?

만약 이 아이가 희생된다면 그 약속이 어떻게 이루어질 수 있겠는가? 이와 같은 생각이 아브라함을 힘들게 했을 것이다. 그러나 이러한 생각들이 있음에도 불구하고 아브라함은 어떠한 마음으로 떠났는가?

창 22:5, 8

5. 그렇다면 무엇이 아브라함으로 하여금 즉각 순종하게 했을까?

창 22:8, 16, 히 6:13,14 히 11:17~19

6. 아브라함의 순종의 힘은 어디에서 오는 것일까? 당신은 하나님의 명령을 즐거운 마음으로 순종할 수 있는가?

창 22:8

7. 하나님은 때로는 우리를 시험 속에 던지신다. 왜 그러실까?

어린 양은 하나님이 친히 준비하시리라 (22:5~14)

8. 의아해 하는 두 사환에게 아브라함이 내린 명령은 무엇인가?

   창 22:5(영어성경 참고)

9. 아버지, 번제할 양은 어디에 있나요? 라는 이삭의 질문에 아브라함은 어떻게 대답하고 있는가?

   창 22:8

10. 아브라함이 자기 아들 이삭을 제물로 드리려고 결박할 때 이삭은 어떻게 했을까?

    창 22:9

11. 아브라함이 이삭을 잡으려고 칼을 들자 하나님은 어떻게 반응하셨는가?

    창 22:11, 12

12. 시험을 통과한 아브라함은 무엇으로 제사를 드렸는가?

    창 22:13

네 아들 독자라도 아끼지 아니하였은즉 (22:16~19)

13. 여호와의 사자가 두 번째 아브라함에게 나타나셔서 주신 축복의 내용은 무엇인가? 이러한 축복은 아브라함이 행함에 대한 결과적 축복인가?

창 22:16~18

14. 히브리서에서는 아브라함의 제사를 어떻게 설명하고 있는가?

히 11:7

15. 네 씨가 그 대적의 문을 얻으리라는 말은 무슨 뜻인가?

창 22:17(참고, 창 3:15, 롬 16:20)

16. 하나님께서 아브라함에게 원하셨던 것은 무엇일까? 이삭의 생명인가? 아니면? 그렇다면 하나님을 경외한다는 것은 무엇으로 나타나야 하는가?

요 8:56

선생님, 질문 있어요

1.

2.

적용하기

적용 질문에 따라서 개인적으로 작성해 보시기 바랍니다.

1. 하나님에 대해서 무엇을 배웠는가?

2. 나에 대해서 무엇을 배웠는가?

3. 삶의 우선순위에 조정이 있는가?

4. 가치관과 신념, 성품에 어떤 변화가 필요한가?

5. 생각이나 동기는 어떻게 바뀌어야 하는가?

6. 하나님께서는 내가 어떤 사람이 되기를 원하시는가?

20 사라 · 아브라함의 죽음

23-25장

【학습목표】

창세기 23~25장을 통해서 언약의 계승을 배우게 된다.

사라는 갈대아 우르에 있을 때 아브라함과 결혼했다. 아브라함이 하나님의 부름을 받고 정든 조국과 고향을 떠날 때 그녀도 함께 동행했다. 사라는 아브라함과 함께 유목민의 생활을 하면서 숱한 어려움 속에서 살아왔다. 그녀는 미모로 인해 두 번씩이나 어려움을 겪기도 했다. 또한 그녀는 출산을 하지 못함으로써 인간적인 수모를 당하며 살아왔다. 하나님은 아브라함에게 사라를 통해 자식이 태어날 것이며 천하만민이 그로 말미암아 복을 받을 것을 약속하셨다. 그러나 이렇게 아브라함을 내조하던 사라가 먼저 하늘나라로 갔다. 그녀의 나이 127세였다. 아브라함은 사라를 위하여 헷 족속인 에브론으로부터 막벨라 동굴을 구입해 그곳에 매장했다. 히브리서에서는 사라의 믿음을 칭찬하고 있다(히 11:11). 베드로는 사라가 남편을 어떻게 공경했는가를 말하며, 모든 크리스챤 부인들의 모범으로 예시한다(벧전 3:5, 6).

이삭, 그는 성경에 이렇다할 기록이 없는 것을 보아 평범하고 조용한 삶을 살아간 것 같다. 아브라함과 함께 하셨던 하나님은 이제 이삭과도 함께 하신다. 아브라함의 언약은 이삭에게도 계승된다. 끊어질 것 같았던 메시야의 계보는 이렇게 아브라함에게서 이삭에게로 이어진다. 그리고 마침내 아브라함도 이 땅 위에서 그의 사명을 다하고 하나님의 품으로 돌아간다.

사라를 장사지냄 (23:1~20)

아브라함의 곁에서 일생을 같이 했던 사라는 죽음을 맞이한다. 그녀는 자식을 잉태하지 못함으로 불신앙의 행동의 갖기도 했지만 아브라함을 주처럼 받들며 사랑으로 내조했다. 아브라함은 그녀를 위하여 헷 족속으로부터 매장지를 구입해 그곳에 장사했다. 이 땅은 훗날 이스라엘 자손들이 가나안 땅이 자신들의 조상이 묻힌 사실을 입증하기 위한 조건이 되기도 한다.

1. 사라는 몇 살을 살다가 어디에서 죽었는가?

창 23:1, 2

헤브론(기럇아르바, 창 13:18, 14:13, 18:1, 4): 예루살렘에서 약 32km 떨어진 곳으로 아브라함이 롯과 갈라진 후 비교적 오래 머물렀던 곳이다. 사라가 임종한 곳이며, 후에 아브라함도 이곳에 묻힌다. 이삭, 야곱도 이곳에 묻혔다.

헷(힛타이트) 족속 : 가나안의 둘째 아들 헷의 후손들이다. 이들은 기원전 2000년경 소아시아에 와서 도시 국가를 건설한 인도-유로피안 민족이다. 이들이 헷 제국을 건설한 것은 주전 약 1800년경이었다. 이들은 이스라엘이 가나안을 정복할 때까지 가나안에 거주한 큰 민족이었다. 아브라함은 그들 중에서 나그네로 살았던 것이다. 밧세바의 남편 우리아도 헷 사람이었다(삼하 23:29).

2. 사라가 죽었을 때 아브라함은 그를 위하여 매장지를 사기를 원했다. 어느 족속의 땅을 샀는가?

창 23:5~20

3. 아브라함은 얼마의 금액을 주고 이 땅을 샀으며, 그의 소유지는 어디까지인가?

창 23:16

이삭의 신부감의 조건 (24:1~9)

4. 아브라함은 이삭의 아내를 어디에서 구하려 하는가? 왜 그랬는가?
   창 24:4

5. 아브라함은 늙은 종에게 이삭의 신부감이 될 조건 두 가지를 말한다. 어떤 조건인가?
   창 24:3~6

6. 만약에 아내 될 여자가 좇아오지 않겠다면 어떻게 하라고 했는가?
   창 24:8

리브가를 순적히 만나다 (24:10~49)

7. 아브라함의 종이 리브가를 만나게 된 경위를 정리해 보라.
   창 24:10~49

8. 리브가의 아버지 브두엘과 오빠 라반이 리브가를 축복하며 떠나보낸다. 축복의 내용은 무엇인가?
   창 24:60

이삭이 들에 나가 묵상하다가 (24:61~67)

이삭은 그의 생애에 이렇다 할 큰 일을 이룬 것이 없다. 하지만 조용하고 평범한 생활 속에서 하나님의 뜻을 구하며 순종의 삶을 살았다. 그는 생전에 하나님을 위하여 크게 고생한 일도 없다. 물론 이삭의 말년에는 그의 신앙의 영적 상태가 매우 혼미하기도 했다. 이삭은 그의 생애 전반에 수동적인 삶의 모습을 보여주었다. 그는 리브가와 결혼하여 아름다운 가정을 이루었으나 아브라함처럼 결혼한지 20년이 지나도록 자식을 갖지 못했다. 이 일로 이삭은 하나님께 간절히 기도했다. 그리하여 하나님께서 리브가의 태를 여시고 자식을 허락하신다. 에서와 야곱이었다. 그는 족장으로서의 위대한 신앙의 삶을 살아간다.

9. 아브라함의 종이 리브가와 함께 집에 도착할 무렵 이삭은 무엇을 하고 있었는가?

창 24:63

10. 아브라함의 종이 하나님의 일을 매우 신중하게 처리하는 것과 또 그가 맡은 일에 충성스럽게 수행하는 종의 모습에서 우리는 무엇을 느끼는가? 우리가 하나님의 일을 수행할 때 어떤 자세로 일하는가?

11. 우리는 배우자를 선택할 때 어떤 기준으로 선택하는가? 왜 아브라함은 이삭의 배우자를 가나안 여인 중에서 선택하려 하지 않았는가?

(참고, 고전 7:39, 40 고후 6:14~18)

12. 자녀 결혼에 대한 크리스챤 부모의 태도는 어떠해야 하는가?

아브라함, 자기 열조에게로 돌아감 (25:1~11)

13. 아브라함은 그의 말년에 후처를 얻는다. 그녀의 이름은 무엇이며 몇 명의 자녀를 두었는가?

창 25:1~4

14. 아브라함은 죽어 어디에 묻혔는가?

창 25:9

15. 이스마엘 자손들도 크게 번성했다. 이는 창세기 17:20의 약속의 성취였다. 살펴보라.

창 25:12~18

16. 당신의 가정은 후손들에게 언약의 계승을 교육하고 있는가? 나누어보자.

적용하기

적용 질문에 따라서 개인적으로 작성해 보시기 바랍니다.

1. 하나님에 대해서 무엇을 배웠는가?

2. 나에 대해서 무엇을 배웠는가?

3. 삶의 우선순위에 조정이 있는가?

4. 가치관과 신념, 성품에 어떤 변화가 필요한가?

5. 생각이나 동기는 어떻게 바뀌어야 하는가?

6. 하나님께서는 내가 어떤 사람이 되기를 원하시는가?

21 야곱과 에서의 탄생

25-26장

【학습목표】

창세기 25~26장을 통해서 언약의 확장을 배우게 된다.

이삭도 아브라함과 같이 자식을 낳지 못했다. 그러나 이들 부부는 기도로 매달린다. 기도의 응답으로 자식이 잉태되었다. 그런데 쌍둥이었다. 여기서 에서는 언약의 반열에서 제거되고 언약의 계승권이 야곱에게로 넘어간다. 상당한 부분이 야곱에게 초점이 맞추어져 있음을 보게 된다.

야곱과 에서의 탄생 (25:19~34)

이삭은 족장들 가운데서 아브라함과 야곱에 비해 거의 주목을 받지 못했음을 본다. 그의 생애 중에는 이렇다 할 행적이나 공로가 없다. 그는 그의 아버지 아브라함의 생활 방식에서 크게 이탈하지 않았다. 이삭은 60세에 자녀를 낳는다. 야곱과 에서가 태어날 때에도 아브라함은 살아 있었다(175세까지 살았으니까!). 아브라함에게는 이들의 탄생이 적잖게 위로가 되었을 것이다.

1. 이삭이 결혼할 때의 나이와 신부는 누구였는가?

창 25:20

2. 리브가는 누구인가? 그녀의 근본 태생은 어디인가?

창 25:20

3. 기도의 응답으로 리브가는 자식을 잉태한다. 그런데 태중에는 두 아이가 서로 싸우고 있었다. 이 일이 근심이 되어 리브가는 하나님께 그 뜻을 묻는다. **이때 하나님께서 하신 말씀은 무엇인가?**

창 25:23

4. 이스마엘과 이삭의 경우에는 이삭이 약속의 자녀라는 그 선택의 이유가 분명했다. 그러나 23절에 나타난 하나님의 계시는 어떻게 이해해야 하는가?

롬 9:10~16

5. 이삭의 두 아들의 외모와 성격을 정리해보자.

창 25:25,26

에서:

야곱:

6. 이삭과 리브가는 두 아들들을 편애한다. 편애한 결과는 어떻게 나타나는가?

창 27:41, 43

7. 장자권을 팔라는 야곱의 제의에 에서는 어떻게 대응하는가?

창 25:32

8. 장자권을 사려는 야곱의 문제점은 무엇인가? 반면 칭찬할 점은 무엇인가?

창 25:31~34

9. 히브리서는 장자권을 경솔하게 여긴 에서의 태도를 어떻게 묘사하는가?

히 12:16,17

이삭과 아비멜렉 (26:1~35)

그 땅에 흉년이 들었다. 하나님이 약속하신 축복의 땅인 가나안을 버리고 애굽으로 떠나려고 했다. 그러나 애굽으로 내려가는 이삭을 가로막는다. 그곳에 가지 말라는 명령이었다. 따라서 그는 애굽으로 내려가지 않고 블레셋 땅 그랄에 가서 정착한다. 그는 그곳에서 아버지 아브라함이 자기 아내를 누이라고 속인 것같이 자기 아내 리브가를 누이라고 속였다.

10. 이삭이 애굽으로 내려가려고 했던 이유는 무엇인가?

창 26:1

11. 애굽으로 내려가려고 할 때 하나님이 나타나셔서 이삭에게 말씀하신 내용은 무엇인가? 그 이유는 무엇인가?

창 26:2

12. 하나님께서 이삭에게 하신 약속의 말씀은 무엇인가?

창 26:3,4

13. 아비멜렉이 리브가를 취하지 못한 이유는 무엇인가? 그리고 아비멜렉을 막으신 이유는 무엇인가?

창 26:8~10

이삭의 축복을 시기하는 사람들 (26:12~22)

하나님의 축복으로 이삭은 엄청난 번영을 가져왔다. 그러나 이 일은 그곳 가나안 사람들로부터 시기를 불러왔다. 유목민이었던 이삭에게 우물은 절대적으로 필요했다. 그러나 기존 거주민들은 이삭이 판 우물을 메워버렸다. 그러나 이삭은 이들과 대항하지 않는다.

14. 블레셋 사람들이 이삭을 자신들의 땅에서 떠나기를 요구한 이유는?

창 26:16, 17

15. 우물문제로 다툼이 일어난다. 이삭은 몇 번이나 우물을 메꾸었는가? 그 때마다 이삭의 태도는 어떠했는가? 이삭은 왜 그랬을까?

창 26:15~32

16. 그래서 그 곳 이름을 무엇이라고 불렀는가? 왜 그런 이름을 붙이게 되었는가? 그리고 그 뜻은 무엇인가?

창 26:22

17. 이삭이 브엘세바로 올라갔을 때 하나님은 무엇이라고 말씀하시는가? 그리고 이삭은 어떻게 반응하였는가?

창 26:24,25

18. 이때 아비멜렉이 이삭을 찾아온다. 왜 찾아왔을까?

창 26:28

이삭과 리브가의 근심이 되었더라 (26:34~35)

19. 에서는 몇 살에 누구와 결혼하였는가?

창 26:34

20. 에서의 삶을 아는대로 정리해 보자.

창 26:34

21. 왜 에서의 일이 부모에게는 근심이 되었는가?

창 26:34

22. 언약의 확장을 아브라함과 이삭의 관계를 통해서 설명해보자.

적용하기

적용 질문에 따라서 개인적으로 작성해 보시기 바랍니다.

1. 하나님에 대해서 무엇을 배웠는가?

2. 나에 대해서 무엇을 배웠는가?

3. 삶의 우선순위에 조정이 있는가?

4. 가치관과 신념, 성품에 어떤 변화가 필요한가?

5. 생각이나 동기는 어떻게 바뀌어야 하는가?

6. 하나님께서는 내가 어떤 사람이 되기를 원하시는가?

22 야곱의 속임수 · 벧엘의 하나님

27, 28장

【학습목표】

창세기 27~28장을 통해서 하나님의 선택적 사랑을 배우게 된다.

하나님은 에서보다는 야곱을 사랑하신다. 하나님은 잉태되기 전에 이미 큰 자가 작은 자를 섬기게 될 것이라고 알려주셨다. 이삭은 일찍 연약해진 것 같다. 눈이 흐려져 있었다. 그래서 급히 서둘러 장자의 축복을 내려주려 했을 것이다. 그러나 이러한 계획은 야곱과 리브가에 의해 수포로 돌아간다. 야곱은 어머니와 공모하여 에서에게 내려주려 했던 축복을 가로챈다. 이로 인해 에서는 야곱을 죽이려 한다. 어쨌든 부모들의 영적인 해이는 가정을 폭풍 속으로 몰아넣는다.

이삭의 영적 상태, 제로? (27:1~44)

1. 이삭의 말년의 신앙상태는 어떠했는가?

창 27:1~4

2. 왜 이삭은 에서에게 장자의 축복을 주려고 애쓰고 있는가? 그리고 이 일은 무엇이 잘못되었는가?

창 27:3,4(참고, 창 25:23)

3. 그런데, 왜 리브가는 이삭의 축복을 야곱에게 받게 하려고 애를 쓰는가? 당시에 족장들의 축복은 어떤 영적 권위가 있었는가?

창 27:6~10

4. 리브가와 야곱이 어떻게 이삭을 속이고 장자의 축복을 받는가? 그 과정을 설명해 보라. 그리고 이 사건이 주는 교훈이 무엇인지 말해보자.

창 27:5~30

5. 이삭은 에서로 가장한 야곱에게 축복을 한다. 그 축복의 내용은 무엇인가?

창 27:28, 29

6. 이삭이 야곱에게 축복한 후, 그 뒤로 에서가 별미를 만들어 가지고 들어왔을 때 이삭의 당황하는 모습은 어떠했는가? 그 이유는 무엇인가?

창 27:33; 창 18:18,19; 민 6:27

7. 이 모든 계획이 속임수였다는 것을 알고 에서는 어떻게 했는가?

창 27:34~38

8. 이삭이 에서를 위해서 뒤늦게 축복을 한다. 그 축복의 내용은 무엇인가?

창 27:39,40

9. 에서는 야곱을 죽이려고 한다. 이 사실을 안 리브가는 어떤 조치를 취하는가?

창 27:41~45

어찌 하루에 너희 둘을 잃으랴 (27:45)

10. 리브가는 야곱을 하란으로 보내면서 어떻게 당부하고 있는가?

창 27:44, 45

11. 신앙은 어느 경우에 하강곡선을 그리게 되는가? 이삭의 생애를 통해서 말해보라.

외삼촌 라반이 있는 하란으로 (28:1~9)

인간적인 방법으로 하나님의 축복을 얻으려 했던 야곱은 오히려 엄청난 파문을 일으킨다. 하나님의 축복을 받으려고 애쓰는 야곱의 행위는 칭찬받을만한 일이었지만 그것을 얻으려는 과정은 올바른 태도가 아니었다. 장자권의 축복은 이미 야곱에게 주기로 계획하셨던 일이다. 이제 피신하는 야곱, 숨막히는 환경, 그 속에서 하나님을 만난다. 하나님과의 만남은 야곱의 신앙을 한 차원 끌어올리는 중요한 계기가 된다.

12. 야곱은 형 에서에게 미움을 사게 되었고 그의 노를 피하여 외삼촌 라반이 있는 하란으로 도망가야 했다. 하란으로 떠나기 전 이삭은 야곱을 불러 무엇이라고 당부하는가?

창 28:1,2

13. 이삭은 야곱에게 이번에는 하나님이 원하시는 축복을 내렸다. 이삭은 야곱을 언약적 상속자로 여기고 축복을 하고 있음을 본다. 먼저 번 축복의 내용과 비교해 보라.

창 28:3,4(비교, 27:28, 29)

14. 에서는 이번에는 누구를 아내로 맞아들였는가? 왜 이 여자와 결혼했는가?

창 27:6~9

여호와께서 과연 여기 계시거늘 (28:10~22)

지금 야곱은 형 에서의 낯을 피하여 외삼촌이 살고 있는 밧단아람으로 가고 있다. 그는 가는 도중 벧엘에서 하나님을 만난다. 하나님을 만남으로써 그의 시야는 넓어졌고 그는 하나님께 굳게 서원한다.

15. 야곱은 지금 형 에서의 분을 피하여 어디로 가고 있는 중인가? 그리고 가다가 어디에서 유숙했는가?

창 28:10, 11

16. 야곱이 꾼 꿈의 내용은 무엇인가?

창 28:12,13

17. 하나님은 야곱에게 나타나 어떻게 말씀하시는가?

창 28:13,14

18. 야곱이 벧엘에서 하나님을 만나고 하나님께 서약한 내용은 무엇인가?

창 28:20~22

19. 언제 하나님의 사랑(선택적 사랑)이 우리와 함께 하심을 발견하는가?

적용하기

적용 질문에 따라서 개인적으로 작성해 보시기 바랍니다.

1. 하나님에 대해서 무엇을 배웠는가?

2. 나에 대해서 무엇을 배웠는가?

3. 삶의 우선순위에 조정이 있는가?

4. 가치관과 신념, 성품에 어떤 변화가 필요한가?

5. 생각이나 동기는 어떻게 바뀌어야 하는가?

6. 하나님께서는 내가 어떤 사람이 되기를 원하시는가?

23 야곱과 라반의 딸들

29-31장

【학습목표】

창세기 29~31장을 통해서 야곱을 훈련시키시는 하나님을 배우게 된다.

드디어 야곱은 어머니의 고향 하란에 도착하여 외삼촌 라반의 집에 거하게 된다. 그곳에서 20년을 살면서 외삼촌 라반의 딸들과 결혼한다. 야곱도 약았지만, 외삼촌 라반의 성격도 보통은 아니었다. 라반은 수차에 걸쳐 야곱에게 줄 품삯을 변경하곤 했다. 얼마나 걸렸을까? 오랜 여행으로 인해 지친 야곱의 모습, 그는 다행히 라반의 양떼를 만나 쉽게 외삼촌을 만나게 된다.

외삼촌 라반의 집에서 (29:1~30)

하나님은 이삭의 장자권을 이을 계승자로 만들기 위해 새로운 훈련 코스로 진입시켜셨던 것이다. 그는 이곳에서 외삼촌 라반의 딸들과 결혼하며 새로운 삶을 시작한다. 처음에는 양치는 훈련부터 시작한다. 물론 그의 생애의 전 과정이 하나님의 은혜로운 섭리 속에 있음을 보게 된다.

1. 야곱이 외삼촌 라반을 만나게 되는 장면을 읽고 설명해 보라.

창 29:1~14

1) 동방 사람의 땅에 이르러서 양 떼에게 물을 먹이는 광경을 발견한다.

2)

3)

4)

5) 야곱은 라헬에게 입을 맞추며 소리내어 운다.

6) 라헬은 라반에게 이 일을 알린다.

2. 라반이 야곱을 어떻게 영접하였는가?

창 29:13, 14

3. 라반은 야곱에게 어떤 제안을 하는가?

창 29:15,16

4. 라반은 야곱과 라헬의 결혼조건으로 몇 년을 봉사할 것을 요구했는가?

창 29:19

5. 7년의 봉사를 끝내고 이제 라헬과 결혼식을 올렸다. 그런데 어떤 일이 벌어졌는가?

창 29:22~25

6. 야곱의 속인 라반의 태도는 어떠했는가?

창 29:26, 27

 **레아**

'들소', '사나운 소'라는 뜻이다. 시력이 약한 것보다는 초롱초롱한 눈을 갖지 못했다는 말이다. '약한'보다는 '부드러운'이란 뜻이 더 정확하다.

야곱의 가정 : 악순환의 연속 (30장)

야곱은 두 아내를 얻기 위해 14년을 라반을 위해 봉사했다. 그 후 독립하게 된다. 그러나 외삼촌의 억지스러운 조건 가운데서도 야곱은 하나님의 축복을 받아 크게 부자가 되었다. 그러나 이러한 부는 결국 라반과의 사이가 벌어지게 하는 결과를 가져왔고 야곱으로 하여금 고향을 생각나게 했다.

7. 야곱은 하나님의 축복으로 그의 가족이 많아졌다. 11번째 아들 요셉을 낳을 때에 무엇을 느끼게 되었는가?

창 30:25, 26

8. 야곱은 하란을 떠나기를 원했으나 라반은 그에게 어떤 말로 설득하는가?

창 30:27, 28

9. 라반과 야곱 사이에 다시 맺은 계약의 내용은 무엇인가?

창 30:32~36

합환채

열매와 두 갈래로 갈라진 뿌리가 사람의 몸을 닮았다고 해서 고대로부터 정력제와 임신을 가능케 하는 약초로 믿어왔다. 그래서 근동지역에 사람들은 이것을 최음제로 사용했다.

야곱의 부인들과 자녀들

레아	① 르우벤 : 보아라, 아들이다. ② 시므온 : 듣는다 ③ 레 위 : 애착 ④ 유 다 : 찬양한다. ⑨ 잇사갈 : 값, 보상 ⑩ 스불론 : 존중, 영예
라헬	⑪ 요셉 : 더함, 더하다. ⑫ 베냐민 : 내 오른손의 아들 (베노니 : 내 슬픔의 아들)
실바 (레아의 종)	⑦ 갓 : 행운 ⑧ 아셀 : 기쁨
빌하 (라헬의 종)	⑤ 단 : 억울함을 풀어주셨다. ⑥ 납달리 : 경쟁한다.

▶ 야곱에게는 이 아들들 외에도 여러 명의 딸들이 있었음을 본다(30:21, 46:7, 17 참조). 야곱은 자기 양떼가 늘어나도록 희안한 방법을 고안해 낸다. 야곱의 이러한 태도는 옳은 것인가? 그러나 야곱의 도덕적인 결함에도 불구하고 하나님은 야곱을 번성케 하신다. 왜 하나님은 이토록 야곱에게 축복하시는 것일까? 야곱은 하나님의 구속사를 이어갈 하나님의 택한 족장이기 때문이다. 야곱은 이 모든 것이 하나님의 축복이었음을 후에 시인하게 된다(31:7~12).

야곱이 가나안으로 돌아옴 (31:1-55)

야곱은 하란에 너무 오래 머물렀다. 어느 새 20년의 세월이 흘렀다. 하나님의 약속도 까마득히 잊어버렸다. 드디어 하나님은 야곱에게 제동을 거신다. 라반의 아들들이 반기를 들기 시작했다. 외삼촌 라반과의 관계가 더욱 서먹해졌다. 야곱이 하란에서 자기 자신의 배만 두드리고 사는 것을 하나님이 원하지 않으셨다. 아브라함의 후손들이 살아가야 할 곳은 가나안 땅이었기 때문이다.

10. 야곱은 이제 자기의 고향으로 돌아가려 한다. 몇 가지 돌아갈 수밖에 없는상황이 무엇인가?

창 31:1~3

11. 야곱은 드디어 떠날 결심을 한다. 야곱은 아내, 라헬과 레아를 들로 불러냈다. 그리고 자초지종을 이야기한다. 무슨 이야기를 했는지 간추려 보자.

창 31:5~13

12. 야곱은 라반에게 알리지 않고 몰래 도망간다. 이 소식을 접한 라반의 반응은?

창 31:21~23

13. 뒤좇던 라반의 태도가 어떻게 변해 있었는가?

창 31:26~28

14. 야곱이 라반에게 어떻게 화를 내며 질타했는지 말해보자.

창 31:36~42

15. 라반은 야곱과 언약을 세운다. 무슨 내용인가?

창 31:43~54

드라빔

이 드라빔은 여성 신위의 작은 입상으로서 주로 나무나 은으로 만든다. 그런데 왜 라헬이 이 드라빔을 훔쳐왔을까? 이 드라빔은 가정의 번영을 가져오는 수호신으로 여긴 것 같다. 또 점을 치는 데도 사용했던 것 같다. 라헬은 야곱의 영향으로 하나님에 대한 어느 정도의 지식이 있었을 것이나 자기 부친의 영향 하에서 그녀는 우상숭배에 더 물들어져 있었을 것이다. 야곱의 가정에서도 이런 우상이 다시 벧엘로 올라가기 전까지 있었다.

미스바

전망대, 망대 등의 뜻이 있다. 야곱은 라반과 불가침 언약을 맺고 돌을 쌓아 그 언약의 증표로 삼는다.

16. 당신을 훈련시켜온 하나님의 역사하심을 함께 나누어보자.

선생님, 질문 있어요

1.

2.

적용하기

적용 질문에 따라서 개인적으로 작성해 보시기 바랍니다.

1. 하나님에 대해서 무엇을 배웠는가?

2. 나에 대해서 무엇을 배웠는가?

3. 삶의 우선순위에 조정이 있는가?

4. 가치관과 신념, 성품에 어떤 변화가 필요한가?

5. 생각이나 동기는 어떻게 바뀌어야 하는가?

6. 하나님께서는 내가 어떤 사람이 되기를 원하시는가?

24 얍복강가의 야곱·에서와 야곱과의 화해

32, 33장

【학습목표】

창세기 32~33장을 통해서 하나님과의 만남의 필연성과 중요성을 배우게 된다.

이제, 야곱은 자기가 떠난 고향으로 돌아오고 있었다. 고향에 가까이 올수록 그 옛날 자기를 죽이려 했던 에서의 얼굴을 떠올리지 않을 수 없었다. 20여년의 세월이 흘렀는데도 아직 형에 대한 두려움이 남아 있었다. 그 때의 비열함이 너무 컸기 때문이리라. 그 무서움에 떠는 야곱에게 하나님은 하나님의 천사들을 만나게 해서 용기를 주신다. 그러나 여전히 야곱은 불안해한다. 그는 정찰대를 보내 에서의 근황을 알아보게 했고, 또 그의 특유한 꾀를 발휘해 에서의 노를 풀 수 있게 하기 위해 물품 공세를 취한다. 그래도 불안하기는 마찬가지였다. 야곱은 얍복강가에서 하나님을 만난다. 야곱의 하나님과의 생사를 건 투쟁은 마침내 하나님의 축복을 얻어낸다. 야곱은 환도뼈가 위골이 된 후에야 그의 영안이 열린다. 결국 야곱은 그 무서워하던 에서를 감격 속에 만난다. 에서의 마음을 이미 하나님이 따뜻하게 녹여 놓으셨기 때문이었다.

형 에서를 만나기 위한 준비 (32:1~23)

1. 야곱은 아직도 두려움 속에서 고향을 가고 있었다. 가는 도중에 누구를 만나게 되는가? 왜 나타났을까?

창 32:1

• 마하나임 : 두 개의 진영, 즉 이중부대를 의미한다.

2. 이렇게 하나님의 천사들을 만난 후에도 야곱은 여전히 불안해한다. 그는 정찰대를 먼저 내보낸다. 이 정찰대의 역할과 보고 내용은 무엇인가?

창 32:3~6

3. 야곱의 지금 상황이 어떠한가? 이런 상황에서 야곱의 특유한 꾀가 동원된다. 아직도 그는 하나님을 신뢰하지 않았다. 야곱의 행동을 정리해보자.

창 32:7, 8

4. 야곱은 아직도 인간적인 방법으로 이 문제를 해결하려고 한다. 그의 간교함은 아직 사라지지 않았다. 야곱의 모습에서 우리 자신의 모습을 말해보자.

5. 야곱은 또 다른 계획을 세운다. 그 계획은 어떤 것인가?

창 32:14~20

6. 야곱은 얍복강가에서 울며 간구한다. 워낙 다급했던 것이다. 결국 에서와의 문제는 하나님만이 해결하실 수 있다는 사실을 배운다. 당신이 지금 당하는 고통은 어떤 것이 있는가? 이 고통으로 인해 하나님께 기대하는 것은 무엇인가?

하나님과 씨름한 야곱 (32:24~32)

야곱은 어떤 사람과 밤이 새도록 싸웠다. 사생 결단의 싸움이었다. 죽느냐, 사느냐의 기로에서 그는 죽을 힘을 다해 싸웠다.

7. 야곱은 누구와 밤새 씨름을 하였는가?

창 32:24

8. 야곱과 밤새 씨름한 사람은 야곱을 이기지 못함을 보고 야곱의 무엇을 쳤는가?

창 32:25

 **환도뼈(허벅지 관절)**

넓적다리 근처에 생식기가 있기 때문에 생식기에 대한 완곡한 표현으로 쓰인다. 손을 타인의 넓적다리에 올려놓는 행위는 목숨을 걸고 맹세를 할 때 치루는 의식이었다. 여자들의 경우 넓적다리에서 떨어졌다(민 5:27 참조)는 표현은 유산을 했다는 의미일 것이다.

9. 야곱은 허벅지 관절(환도뼈)이 위골되어서야 그를 붙들고 늘어졌다. 무엇을 간청하는가?

창 32:26

10. 그렇다면 야곱의 회개는 언제부터 시작되었을까? 호세아12:2~5를 참고해서 말해보자.

호 12:2~5

11. 이 일 후에 야곱이란 이름에 변화가 생긴다. 어떤 이름을 받았으며, 그 이름의 뜻은 무엇인가?

창 32:28

12. 야곱은 하나님께 울며 회개했다. 회개의 과정이 있었다. 이 사건 이후의 야곱의 삶은 어떻게 변했을까?

창 35:1-5

13. 야곱의 삶에는 하나님께 대한 서원이 참 많다. 그 서원들이 실천되었는가? 당신의 삶에서 하나님께 서원한 것들이 있는가? 그 서원들은 실천되고 있는가? 실천되고 있지 않다면 그 이유는 무엇인가?

창 28:20~22

브니엘

하나님의 얼굴이라는 뜻이다. 하나님과 대면하면서도 죽지 않고 살아남은 사건에서 유래했다.

14. 하나님의 축복을 야곱처럼 인간적인 방법으로 얻어내려고 했던 적은 없는가? 있다면 그 결과는 어떠했는가?

형, 에서와 상봉 (33:1~20)

15. 드디어 야곱은 그토록 두려워하던 형 에서를 만난다. 만나는 모습을 말해 보라.

    창 33:1~4

16. 에서가 어떤 모습으로 야곱을 만나는가?

    창 33:4

17. 야곱은 형 에서에게 준비된 가축들을 선물하려 한다. 이때 에서는 어떻게 대답하는가?

    창 33:9,11

18. 이제 마음이 녹아진 에서는 야곱의 앞장을 서려 한다. 그러나 야곱은 어떤 이유를 대고 있는가?

    창 33:13

19. 야곱이 에서를 따라가지 않고 선택한 곳은 어디인가?

    창 33:18~20

숙곳

헛간, 오두막이라는 뜻으로 요단강 동쪽으로 얍복의 북쪽에 있다. 야곱이 이곳에 체류하면서 붙인 이름이다. 그는 여기서 10여년을 머문 것 같다. 그는 아직 아버지 이삭과 어머니 리브가를 만나지 않았다.

20. 하나님을 만났는가? 하나님과의 만남은 필연적이어야 한다. 하나님과의 만남 후에 겪은 당신의 신앙의 여정을 나누어보자.

선생님, 질문 있어요

1.

2.

적용하기

적용 질문에 따라서 개인적으로 작성해 보시기 바랍니다.

1. 하나님에 대해서 무엇을 배웠는가?

2. 나에 대해서 무엇을 배웠는가?

3. 삶의 우선순위에 조정이 있는가?

4. 가치관과 신념, 성품에 어떤 변화가 필요한가?

5. 생각이나 동기는 어떻게 바뀌어야 하는가?

6. 하나님께서는 내가 어떤 사람이 되기를 원하시는가?

25 벧엘로 올라가라

34, 35장

【학습목표】

창세기 34-35장을 통해서 하나님과의 약속의 중요성을 배우게 된다.

야곱은 가나안 땅에 다시 돌아오게 되었다. 그러나 야곱은 하나님께 약속했던 일을 잊어버리고 만다. 그는 오던 길을 다시 회전하여 숙곳으로 향한다. 그리고 다시 세겜 가까이에 장막을 치고 그 땅을 다스리던 하몰의 아들로부터 땅을 사서 그곳에서 단을 쌓는다. 야곱은 하나님의 명령에 너무 오래 지체했다. 이들은 세겜에 너무 오래 머물렀던 것이다. 세겜 사람들과 섞여 살게 될 뻔했다. 세겜에서의 10년의 삶, 그러나 그곳에서 엄청난 일을 당한다. 그리고 나서야 야곱은 하나님께 드렸던 벧엘에서의 약속을 기억해낸다.

디나가 그 땅 여자를 보러나갔더니 (34:1~7)

야곱은 에서와 헤어져 그 방향을 다시 북쪽으로 향했다. 숙곳으로 가기 위해서였다. 그곳에서 얼마나 체류했는지 모르나 아마도 위골된 다리를 치료하기 위해서였을 것이다. 그리고 다시 세겜에 와서 정착한다. 아예 땅까지 구입했다. 부모가 계신 곳으로 가지 않고 이방인의 땅에서 거하려 했다. 하나님이 더 이상은 야곱을 그대로 놔둘 수는 없으셨기 때문이다.

1. 야곱이 10여년 그곳에서 살다보니 세겜 사람들과는 서로 친하게 지냈을 것이다. 야곱의 딸 디나는 어디에 무엇하러 나갔는가?

창 34:1

2. 그런데 디나에게 무슨 일이 생겼는가?

창 34:2~4

3. 디나의 소식을 들은 야곱의 아들들의 태도는 어떠했는가?

창 34:7

그 당시 가나안 족속의 도덕 수준이 어떠했는가를 볼 수 있다. 그러나 비록 가나안 땅에 살고 있었지만 야곱의 아들들은 그렇지 않았다.

4. 야곱에게 제시한 하몰의 제안은 무엇이었는가? 그리고 속셈은 무엇인가?

창 34:8~12, 23

5. 하몰의 제안에 대해서 야곱의 아들들은 어떤 조건을 제시하였는가?

창 34:14~17

6. 야곱의 아들들의 작전을 설명해 보라.

창 34:24~29

7. 야곱의 아들들이 저지른 끔찍한 살인 소식을 들은 야곱의 반응은 무엇인가?

창 34:30

8. 야곱에게 일어난 이 사건 속에 나타난 하나님의 뜻은 무엇인가?

창 28:20~22

9. 그러나 하나님의 섭리를 깨닫지 못한 아들들이 하는 말은 무엇인가?

창 34:31

가정의 신앙개혁 (35:1~15)

그는 눈을 들어 하나님을 바라본다. 이제 야곱은 돌아선다. 벧엘에서의 약속을 기억해 냈을 것이다. 야곱의 잠자던 신앙이 기지개를 켜기 시작한다.

10. 디나의 일이 있은 후 하나님이 야곱에게 내리신 명령은 무엇인가?

창 35:1

야곱에게 벧엘은?

벧엘은 야곱에게 특별한 의미가 있다. 이곳은 아브라함이 애굽으로 이주하기 전에 제단을 쌓고 장막을 쳤던 곳이다(창12:8). 야곱은 형 에서의 노를 피하여 밧단아람으로 가던 중 이곳에서 사닥다리의 환상을 보면서 하나님의 실존을 경험한다. 그는 돌기둥을 세워 기름을 붓고 하나님께 서원을 한다. 야곱 자신을 축복하고 평안히 가나안 땅으로 돌아오게 하신다면 십일조도 드리고 이곳에다 하나님의 전을 세우겠다는 약속이었다. 물론 하나님은 이 약속을 지키셔서 야곱으로 거부가 되게 하셨다. 그러나 야곱은 그 약속을 계속 지키지 않았다. 그리고 세겜에 눌러 앉아 세월을 보낸다. 드디어 하나님은 야곱을 징계하신다. 그것이 곧 디나의 사건이었다. 이 사건을 계기로 야곱은 크게 방향을 전환하고 하나님을 찾는다. 벧엘로 올라가 하나님과의 서약을 지키는 삶, 그것은 곧 야곱이 바른 믿음을 갖는 길이다.

11. 야곱은 어떠한 결단을 내리는가?

창 35:2~4

12. 이렇게 결단을 내린 야곱의 가정에 하나님은 축복을 내리기 시작하신다. 어떤 기적적인 일이 생겼는가?

창 35:5

13. 야곱은 드디어 가나안 땅 '루스' 곧 벧엘에 이르렀다. 그리고 그곳 이름을 무엇이라고 불렀는가?

창 35:6, 7

엘벧엘?

'벧엘의 강한 하나님' 야곱은 벧엘에서 약속하신 대로 하나님이 언제나 자기와 함께 하셨음을 깨달을 것이다. 엘벧엘이란 지금까지 함께 하신 하나님에 대한 신앙고백이었을 것이다.

14. 야곱이 밧단아람에서 벧엘로 돌아오자 하나님은 그에게 어떻게 역사하셨나?

창 35:9,10

15. 당신의 신앙의 삶을 깨우는 계기가 된 사건은 무엇인가?

16. 당신의 가정에서 일어나야 할 신앙의 개혁은 무엇인가?

회개는 과감한 용단이 필요하다. 진정한 회개는 무엇일까? 회개는 결단이 있어야 한다. 잘못된 길에서 돌아서서 다시는 그 길로 돌아가지 않으려는 결단이 있어야 한다. 이제 옛 생활은 청산되어야 한다.

라헬에게서 베냐민 탄생 (35:16~20)

라헬에게서 둘째 아들 베냐민이 태어난다. 그러나 라헬은 그 후유증으로 죽게 된다. 사랑하는 라헬의 죽음으로 야곱은 비통해 한다. 베냐민이 태어남으로써 야곱의 자식 생산은 멈춘다. 베냐민은 사랑하는 아내의 죽음으로 얻은 아들이다. 그래서 더욱 야곱의 사랑을 받게 된다.

17. 야곱에게 또 불행한 사건이 일어났다. 어떤 사건인가?

창 35:22

18. 참담한 죄를 범한 르우벤에게 내려진 결과는 무엇이었는가?

창 49:3,4

19. 이제 야곱 일행은 어디를 향해서 가고 있는가?

창 35:27

20. 야곱은 40여년 만에 아버지 이삭을 만나게 된다. 이삭은 몇세에 별세했는가?

창 35:28

21. 당신은 벧엘로 올라가야 할 필요를 느끼지 않는가?

선생님, 질문 있어요

1.

2.

적용하기

적용 질문에 따라서 개인적으로 작성해 보시기 바랍니다.

1. 하나님에 대해서 무엇을 배웠는가?

2. 나에 대해서 무엇을 배웠는가?

3. 삶의 우선순위에 조정이 있는가?

4. 가치관과 신념, 성품에 어떤 변화가 필요한가?

5. 생각이나 동기는 어떻게 바뀌어야 하는가?

6. 하나님께서는 내가 어떤 사람이 되기를 원하시는가?

26 에서의 자손들 · 요셉 이야기

36 - 38 장

【학습목표】

창세기 36~38장을 통해서 언약의 후손들에 대해서 배우게 된다.

에서와 야곱의 긴 이야기를 소개하면서 성경의 저자가 강조하려는 점은 무엇일까? 그것은 "누가 하나님의 약속을 이어받을 상속자가 될 것인가?"에 있다. 아브라함은 하나님의 부르심에 따라 믿음으로 순종했다. 그리고 그 뒤를 이을 자는 누구인가? 이삭이 바로 하나님의 주권적인 뜻을 다라 난 자임을 성경은 강조하고 있다. 이 과정에서 이스마엘은 언약의 반열에서 떨어져 나간다. 그리고 에서와 야곱, 이 두 사람이 복중에 있을 때, 이미 하나님께서 주권적으로 야곱을 선택했다는 것이다. 왜 야곱을 택하셨는가? 그 나라는 하나님이 세우신 나라이기에 하나님이 주권적으로 역사하셨다는 것이다.

그리고 37장부터는 요셉의 생애가 그리고 36장에서는 에서의 가족과 자녀들의 이름이 기록되어 있다. 에서는 하나님의 약속하신 것처럼 크게 번성했고 생각보다 많은 부를 축적했지만 언약 밖에 사는 자들이었다. 그는 하나님의 역사 무대에서 사라져 버린다. 이제 야곱만이 약속의 성취를 기다린다. 야곱의 아들 12명 모두 언약 계통에 들어간다.

에서의 자손들 (36:1~8)

에서의 자손을 소개하고 있는 이유는 요셉의 역사를 소개하기 전에 에서의 역사를 정리하고자 하는 의도이다. 에서는 비록 언약의 반열에서는 제외되었지만 하나님은 그에게 많은 자녀들과 물질적인 축복을 허락하신다.

1. 에서의 후손들은 주로 어디에 거주했나?

창 36:8

2. 에서는 왜 세일에 가서 정착하게 되었는가?

창 36:6, 7

3. 에서의 아내들은 누구인가?(36:1~3)

창 26:24; 28:9		창 36:2, 3	
헷 족속 엘론의 딸		헷 족속 엘론의 딸	
헷 족속 브엘리의 딸		히위족속 아나의 딸	
이스마엘의 딸		이스마엘의 딸	

▲ 아다와 바스맛을 동일 인물로 본다. 오홀리바마와 유딧을 동일 인물로 본다. 이렇게 이름이 다르게 수록된 것은 에서가 에돔으로 불리워졌듯이 몇 개의 이름을 가질 수 있었으며 결혼식 때 새 이름을 받기도 했기 때문이다. 또는 여러 가지 이유로 종족이나 부족에게 주어진 명칭들로 인해 이름이 다르게 기록될 수 있기 때문이다.

에서의 후손들 (36:9~14)

4. 에서의 후손들을 정리해보자.(36:9~14)

아내 [아다] 에게서	
아내 [바스맛] 에게서	
아내 [오홀리바마] 에게서	

엘리바스의 아들들은?	
엘리바스와 첩 딤나의 아들은?	
르우엘의 아들들은?	

▲ 아말렉?

아말렉은 에돔 족에게 차별을 받고 자기 형제들에게서 떨어져 나간다. 그리고 아말렉 족속의 조상이 된다. 아말렉 족속은 출애굽하여 광야 여행 중에 있는 이스라엘 백성들에게 대적으로 나타난다. 그 이후로도 계속해서 이스라엘의 적대 세력으로 역사상에 등장한다. 특히 사사시대에는 미디안과 연합하여 이스라엘을 공격한다(삿3:13, 6:3). 다윗 왕 때에 가서야 아말렉은 멸망된다.

야곱의 족보(약전)(37:1~11)

이제 모세는 열두 족장들의 조상에 관한 역사를 기술하려고 하고 있다. 물론 요셉이라는 한 개인에다 초점을 맞추고 있다. 그러나 요셉의 역사는 요셉 한 개인의 역사가 아니라 하나님의 왕국의 역사와 깊은 관련이 있음을 보게 된다. 그러나 저자는 여전히 야곱을 주역으로 등장시킨다. 따라서 요셉의 이야기가 야곱의 족보(약전) 속에서 전개된다.

5. 37장부터 요셉의 이야기가 등장하지만 야곱의 족보를 소개하고 있다. 왜 요셉의 이야기를 소개하면서 "야곱의 족보(약전)는 이러하니라"라고 소개하고 있을까? (지도자의 설명을 들으시오)

이제 모세는 출애굽 이후, 광야에 머물고 있는 이스라엘 백성들에게 어떻게 이들이 애굽에 정착하게 되었고 또 12지파는 어떻게 형성되었는가를 보다 자세히 설명해야 할 필요성이 있었을 것이다. 따라서 요셉과 관계된 이야기가 보다 상세하게 진행된다.

6. 야곱은 어디에 거주하고 있는가? 에서가 살고 있는 곳과 비교해서 설명해 보라.

창 37:1

7. 요셉은 왜 형들에게 미움을 받게 되는가? 그때 요셉의 나이는?

창 37:2,3

8. 요셉의 형들을 더욱 화나게 한 것은 무엇보다 야곱의 편애였다. 왜 야곱은 요셉을 편애하는가?

창 37:3

9. 야곱은 요셉을 편애하면서 형들과는 다른 옷을 입혔다. 그 옷은 어떤 옷이며, 그 옷이 의미하는 바를 아는 대로 말해보시오.

창 37:3

10. 요셉에 대한 야곱의 편애 외에 더욱 문제가 된 것은 무엇인가?

창 37:5~11

1) 첫 번째 꿈

2) 두 번째 꿈

3) 꿈들의 의미?

요셉을 애굽에 팔다 (37:12~36)

야곱의 일방적인 요셉 사랑은 형제 간의 시기를 불러왔다. 더욱이 요셉의 왕권에 대한 꿈 이야기는 형제들로 하여금 더욱 열을 받게 한다. 따라서 요셉은 그의 형들에 의해 애굽에 노예로 팔린다. 그러나 하나님은 요셉이 처한 환경을 이용하신다.

11. 요셉의 형들은 어디서 양을 치고 있었는가?

창 37:12, 17

도단?

도단은 세겜에서 북쪽으로 22㎞ 지점에 있다. 당시 그곳은 노예무역이 매우 번성한 곳이었다. 도단은 이런 남북을 잇는 카라반이 지나다니는 주요한 도시였다. 도단은 수리아 왕 벤하닷이 엘리사를 체포하기 위해 병거와 군사를 보냈던 곳이기도 하다.

12. 요셉에 대한 야곱의 편애가 불러온 결과는 무엇인가?

창 37:5, 8, 11, 18

13. 요셉을 죽이자는 형제들의 모의에 맏형 르우벤의 제안은 무엇인가?

창 37:21

14. 요셉에 대해서 아버지 야곱에게는 어떻게 보고되었는가?

창 37:32~34

15. 요셉은 그 뒤로 어떻게 되었는가?

창 37:28

유다의 거룩하지 못한 삶 (38:1~30)

야곱의 가정은 어두운 그들이 드리워져 있었다. 형제들 간의 불화는 결국 그가 가장 사랑하는 요셉을 잃어버리는 결과를 가져왔다. 다른 자식들 역시 올바른 삶을 살아갔을리 없었을 것이다. 여기 넷째 아들 유다의 기사가 나온다. 유다의 삶 역시 타락의 길을 걷고 있었다. 그는 야곱의 그늘을 떠나 세속의 그늘에서 방황한다. 그는 가나안 여인과 결혼하여 자식들을 낳는다. 왜 요셉의 이야기 가운데 유다의 삶을 그려놓고 있을까? 유다의 삶에서 하나님의 백성다운 삶을 발견하지 못하지만 그의 계보를 통해서 그리스도가 오시게 된다. 물론 유다가 선택된 것은 어디까지나 하나님의 선하신 뜻 때문이었다.

16. 유다는 세상으로 떠내려 갔다. 그는 이방 여인과 결혼한다 누구와 결혼했는가? 그리고 유다는 어떤 인물인가? 그리고 그의 자녀들은 누구인가?

창 37:26, 27; 38:1~3; 마 1:3

17. 유다는 왜 자기 형제에게서 떠나게 되었을까? 그는 누구에게로 갔는가?

창 38:1

18. 유다의 집에 불어온 환난의 바람은 어떤 것인가?

창 38:7, 10

19. 그래서 둘째 아들 오난에게 어떤 임무가 주어졌는가?

창 38:8

20. 오난이 악한 행동을 한 이유는 무엇인가?

21. 그렇다면 유다가 저지른 잘못은 무엇인가? 간단하게 말해보라.

창 38:12~25

22. 모세는 유다의 타락의 길을 소개하며 그의 가정사를 소개하고 있다. 왜 유다의 거룩하지 못한 삶을 길게 소개하여 놓았을까?

계대결혼?

당시에 기업을 이어가는 것은 아주 중요한 일이었다. 이것은 한 세대에서 다른 세대로 넘어가는 재산의 전이(轉移)를 가리킨다. 여기서 계대결혼 제도는 상속보다 가계의 지속과 더 관련이 있다. 즉 족보가 끊어지지 않게 하기 위해서였다. 이럴 때 형수는 법적 상속자인 아들이 없어야 하며, 두 형제가 함께 살고 대가족의 의무를 갖고 있어야 한다. 그래서 첫 아들은 대를 잇게 하고 다른 아이는 자기 것으로 했다.

23. 야곱의 후손들의 이야기를 보면서 느낀 점들을 함께 나누어보자.

적용하기

적용 질문에 따라서 개인적으로 작성해 보시기 바랍니다.

1. 하나님에 대해서 무엇을 배웠는가?

2. 나에 대해서 무엇을 배웠는가?

3. 삶의 우선순위에 조정이 있는가?

4. 가치관과 신념, 성품에 어떤 변화가 필요한가?

5. 생각이나 동기는 어떻게 바뀌어야 하는가?

6. 하나님께서는 내가 어떤 사람이 되기를 원하시는가?

27 애굽에서의 요셉

39-42장

【학습목표】

창세기 39~42장을 통해서 한 사람의 생애를 통한 하나님의 섭리를 배우게 된다.

요셉은 애굽으로 팔려와 애굽의 관원 보디발의 집에 거하면서 그의 천부적인 관리 능력을 발휘한다. 그의 나이 지금 17세가 아닌가? 그러나 하나님은 요셉과 함께 하셔서 그가 하는 일마다 잘되게 하셨다(39:2). 보디발의 아내의 일로 요셉은 감옥에 들어가게 되었지만, 잡범들이 들어가는 감옥이 아니라 왕의 죄수들을 가두는 특별한 감옥이었다. 후에 요셉은 옥에서 풀려나와 바로가 꾼 꿈을 해석한다. 그는 꿈을 해석할 뿐만 아니라 그 대안까지 내놓았다. 그 일로 요셉은 애굽의 총리가 된다.

성경은 요셉의 생애가 한 개인의 영달을 위한 것이 아니라 하나님의 왕국 역사와 깊은 관련이 있다고 말한다. 즉 요셉은 하나님의 도구로 쓰임받는 생애였다. 아브라함에게 보여주신 후손에 대한 약속처럼 구속 목표를 성취하기 위해서는 번성하여 하나의 큰 민족을 형성해야 한다. 따라서 요셉 사건은 하나님의 왕국 백성으로 선택된 야곱 군단이 어떻게 애굽으로 내려왔는가를 보여주며 큰 민족이 될 것을 보여준다. 요셉은 지금 만민의 생명을 구원하는 하나님의 수단이 되기 위해 애굽의 통치자로서의 수업을 받고 있는 중이다.

하나님이 함께 하시므로 (39:1~8)

그는 보디발의 집에서 애굽인의 생활방식과 사고를 접하게 된다. 요셉은 보디발의 아내로 인해 옥에 갇히게 되지만, 그 굴욕을 인내로 잘 참아낸다. 이런 훈련은 훗날 그가 총리에 있게 될 때 겸손할 수 있는 요인이 되었을 것이다. 그의 형들이 가나안에 깊숙이 오염되었음에 비해 요셉은 경건한 삶을 살아간다. 그는 오랜 고난을 통해 지도자로서의 인격을 갖추어 간다.

1. 요셉은 애굽에 팔려와서 어디에 머물게 되었으며, 어떻게 하나님이 함께 하셨는가?

   창 39:1~6

2. 보디발은 어떤 사람인가?

   창 39:1

3. 요셉은 어디를 가나 형통했다. 왜 하나님은 그를 형통하게 하셨는가?

   창 39:3

4. 보디발의 집은 언제부터 복을 받게 되었는가?

   창 39:5

5. 보디발의 집에서 요셉은 어려움에 빠지게 된다. 어떤 어려움인가?

   창 39:7

6. 보디발의 아내의 유혹에 대해서 요셉의 태도는 어떠했는가? 요셉의 거절 이유를 말해보라.

   창 39:8~10

7. 보디발의 아내는 그녀의 목적 달성이 이루어지지 않자 요셉에게 어떤 누명을 씌우는가?

창 39:11~18

8. 보디발은 아내의 말을 믿었을까? 믿지 않았을까?

애굽의 법률에는 강간미수범은 1000대의 태장을 맞고 만약 피해자의 고발이 있을 경우에는 사형에 처했다고 한다. 그런데 그는 지금 고급관리들의 미결범들이 갇히는 곳에 있게 되었다. 왜 그랬을까? 보디발이 부인의 말을 액면 그대로 믿지 않았든가 아니면 조사결과 큰 혐의와 증거가 없었든가이다.

요셉의 감옥생활 (39:19~40:23)

그는 또다른 경험을 통해 통치자로서의 자질을 배워야 한다. 보디발은 요셉을 왕의 죄수를 가두는 감옥에 가둔다. 그러나 이런 환경은 왕을 가까이 대할 수 있는 고관들과 접촉하는 기회가 된다. 요셉은 낙담하지 않는다.

9. 요셉은 결국 옥에 갇히게 된다. 그러나 그가 갇힌 감옥은 어떤 곳인가?

창 39:20

10. 요셉이 그곳에서 맡은 일은 무엇인가? 그리고 그 이유는 무엇인가?

창 39:22, 23

11. 요셉이 감옥에서 만난 관리자들의 꿈의 내용과 요셉의 해석을 정리해 보자(창 40:1~21).

	술 맡은 관원	떡 맡은 관원
꿈의 내용		
요셉의 해석		
결과		

12. 술 맡은 관원은 요셉의 은혜를 잊어버린다. 이것으로 요셉은 무엇을 배우게 되는가? 그리고 왜 하나님은 2년의 시간을(창41:1) 더 필요로 하셨을까? 이때가 요셉이 30세가 된다. 이것을 근거로 설명해 보라.

민 4:3, 삼하 5:4

바로의 꿈 해석 (41:1~57)

바로 왕은 어느 날 이상한 꿈을 꾸게 된다. 왕은 이 꿈의 내용으로 인해 심히 번민했고 애굽의 술객과 술사들은 전전긍긍한다. 이 절박한 순간에 술 맡은 관원장은 2년전 감옥에서 일어났던 한 일을 기억해 낸다. 이렇게 해서 요셉은 역사의 전면에 등장하기 시작한다. 하나님은 이때를 위하여 요셉으로 하여금 뜨거운 사막길을 걷게 하셨다. 이미 요셉은 애굽인의 생활과 사고를 익힌 후였다. 이때부터 역사는 숨가쁘게 돌아간다.

13. 40장의 사건이 있은지 벌써 2년이 지났다. 어느 날 애굽의 왕 바로가 비슷한 꿈을 두 번 꾼다. 무슨 꿈을 꾸었는가?

창 41:1~4(첫번째 꿈)

창 41:5~7(두번째 꿈)

꿈?

구약에서는 하나님이 어떤 개인에게 말씀하실 때 주로 꿈을 이용하셨음을 본다(창 20:3; 31:10, 11, 24; 민 12:6; 욥 33:14~18 참조). 그렇다고 모든 꿈이 꼭 하나님의 계시인가? 물론 그렇지 않다. 꿈은 계시일 수도 있고 몸이 약한 징후로서 올 수도 있고 장차 일어날 사건을 예고할 수도 있다. 그러나 구약의 꿈들은 조심스럽게 평가해야 한다. 하나님의 기록된 계시보다 더 큰 비중을 꿈에 두면 안 된다(신 13:1~4).

14. 요셉은 바로의 꿈을 해석한다. 그 꿈의 내용은 무엇인가?

창 41:14~33

15. 요셉은 바로의 꿈에 대한 후속조치를 어떻게 내리는가?

창 41:34~36

16. 요셉의 해석에 대한 바로의 반응은 어떠했는가?

창 41:41~45

17. 요셉은 제사장의 딸 아스낫과 결혼하여 두 아들을 얻었다. 두 아들의 이름과 그 이름의 뜻은 무엇인가?

창 41:50~52

애굽에 온 요셉의 형제들 (42:1~5)

애굽은 물론 가나안 땅도 흉년으로 인해 모든 사람이 굶주렸다. 물론 그 파장은 야곱 군단에게도 미쳤다. 결국 야곱의 아들들이 애굽으로 식량을 구하러 오게 될 것이다. 요셉은 그것을 잘 알고 있었다. 야곱의 자녀들은 애굽이라는 둥지 안에서 커다란 민족으로 태어나야 한다. 그것은 오래 전에 아브라함에게 이미 예언된 것이었다. 아브라함의 자손은 이방인의 손에서 400여년 간을 지내야 한다. 그리고 커다란 민족이 되어 출애굽을 할 것이다. 자식이 태어나지 않아 안타까워하는 아브라함에게 주신 하나님의 약속이었다(창 15:13). 이제 야곱 군단은 이미 총리가 되어 있는 요셉의 휘하에서 정체성을 잃지 않고 자라게 된다. 어쩌면 요셉은 자기의 형들이 곡식을 사러 애굽으로 빨리 돌아오기를 기다렸을지도 모른다. 드디어 형들이 곡식을 사러 요셉의 목전에 나타났다.

18. 온 땅에 흉년이 들어 그 양상이 심각했다(41:57). 가나안도 흉년이 들었다. 야곱은 자기 아들들에게 무엇이라고 했는가?

창 42:1, 2

19. 야곱의 아들들은 곡식을 구하러 애굽으로 가게 된다. 몇 명이 애굽을 향해 출발했는가?

창 42:3

20. 요셉은 총리로서 직접 곡물 판매를 관장하고 있었다. 그 이유는 무엇인가?

창 42:5

당신들, 정탐들이지? (42:6~38)

21. 왜 요셉은 형들을 보고서도 모른 체 했을까?

창 42:7

22. 자꾸만 다구치는 애굽의 총리, 야곱의 아들들은 애굽의 총리에게 무엇이라고 변명하고 있는가?

창 42:13

23. 요셉은 야곱의 아들들을 정탐꾼이라고 몰아붙이면서 삼일 만에 풀어준다. 그러면서 요구한 사항은 무엇인가?

창 42:20

24. 요셉은 그만 정을 이기지 못해 몰래 가서 울어버린다(24절) 그리고 어떤 작전을 세우는가? 왜?

창 42:25

25. 요셉의 요구에 대해서 르우벤은 야곱에게 어떤 제안을 하는가?

창 42:37

26. 하나님은 요셉을 애굽의 총리로서 만드셔서 구속의 역사를 펼쳐나가신다. 이와 같이 당신의 생애에 함께 하셨던 하나님의 계획하심과 섭리하심을 나누어 보도록 하자.

적용하기

적용 질문에 따라서 개인적으로 작성해 보시기 바랍니다.

1. 하나님에 대해서 무엇을 배웠는가?

2. 나에 대해서 무엇을 배웠는가?

3. 삶의 우선순위에 조정이 있는가?

4. 가치관과 신념, 성품에 어떤 변화가 필요한가?

5. 생각이나 동기는 어떻게 바뀌어야 하는가?

6. 하나님께서는 내가 어떤 사람이 되기를 원하시는가?

28 야곱의 가족 애굽에 도착

43-46장

【학습목표】

창세기 43~46장을 통해서 인간의 변화와 아브라함과의 언약을 이루시는 하나님의 신실하심을 배우게 된다.

기근은 계속되고 있었다. 어렵게 애굽에서 양식을 사왔지만 야곱은 걱정이 이만 저만이 아니다. 양식은 조금 구해왔지만 시므온은 볼모로 잡혀버렸다. 이제 애굽에서 가지고 온 양식도 다 떨어졌다. 이들은 다시 애굽으로 양식을 사러가야 한다. 그러나 베냐민을 데려오지 않으면 양식은커녕 죽게될 판이다. 야곱은 노년이 되어도 고난이 그치지 않는다. 이런 상황에서 유다가 나선다. 그는 자신을 담보로 베냐민에게 어떤 어려움도 당하지 않게 하겠다고 다짐한다. 결국 야곱은 결단을 내린다. 그는 자기의 고집을 꺾고 베냐민을 보내기로 한다. 그는 지금까지 자기를 지켜주신 여호와 하나님의 신실하심을 기억했다.

이들 형제들은 베냐민을 데리고 애굽에 다시 가게 된다. 이들 형제를 다시 만난 요셉은 결국 자기 자신의 정체를 밝힌다. 야곱은 요셉이 지금까지 살아 있었고 지금은 애굽의 총리가 되었다는 놀라운 소식을 접한다. 야곱은 비록 요셉의 생존을 알고 기뻐했지만 그는 애굽으로 내려가기를 두려워한다. 그러나 하나님은 야곱에게 애굽으로 이주를 명하셨고 그와 함께 하실 것을 약속하신다. 이렇게 해서 야곱 군단은 이미 총리가 되어 있는 요셉의 안내로 애굽에 정착하게 된다. 이들은 이방인의 객이 되어 400여년간을 애굽에서 정착한다.

혈육의 정(43장)

시므온이 잡혀 있고, 베냐민을 데려오라는 상황에서 식량은 떨어져 간다. 야곱은 결국 베냐민을 애굽으로 보내기로 작정한다. 이 급박한 상황으로 인해 야곱의 아직까지도 굳어 있던 부분이 깨어지고 있었다. 하나님은 환경을 통하여 한 영혼을 성화시키고 계신다.

1. 상황은 급박해졌다. 가뭄은 곧 끝날 것 같지 않았다. 그런데도 이들이 애굽으로 선뜻 가지 못하는 이유는 무엇인가?

창 43:3~5

2. 이때 유다가 나서서 어떤 제안을 하는가? 왜 유다가 앞장 서서 제안을 하고 있는가?

창 43:8~10; 창 37:26,27

3. 상황은 급박해졌다. 가뭄은 곧 끝날 것 같지 않았다. 그런데도 이들이 애굽으로 선뜻 가지 못하는 이유는 무엇인가?

창 43:3~5

4. 야곱은 유다의 설득에 베냐민을 보내기로 다짐한다. 그때 야곱이 불렀던 하나님의 호칭은 무엇이었나?

창 43:14

이 호칭은 하나님의 언약에 대한 깊은 신앙을 나타내는 말이다. 엘 샤다이는 아브라함과 언약을 맺으실 때와 이삭에게 하나님의 축복이 계승될 것을 말씀하실 때 그리고 밧단아람에서 야곱에게 아브라함과 이삭에게 준 축복을 약속하실 때 계시하신 호칭이었다. 야곱이 이 호칭으로 하나님을 부른 것은 자기가 받은 하나님의 언약에 대한 확실한 신앙을 고백한 것으로 보여진다.

5. 애굽에 도착한 야곱의 아들들은 어디로 인도함을 받는가?

창 43:17

6. 요셉은 자신의 형제들에게 보인 특이한 행동은 무엇인가?

창 43:33

7. 요셉의 마음에서 일어나고 있는 형제에 대한 정을 이야기해 보라.

창 43:26~30

베냐민을 남기려는 요셉의 계획 (44장)

요셉은 아직 자기의 정체를 밝히지 않고 다시 한번 형제들의 우애를 시험한다. 은잔을 몰래 베냐민의 자루에 집어 넣고 이들 형제들에게 곡식을 주어 돌려보낸다. 요셉은 청지기를 시켜 은잔을 훔쳐가는 자를 색출케 하고 누구든지 은잔이 발견되는 자는 종으로 삼겠다고 위협한다. 이들 형제들은 베냐민의 자루에서 은잔이 발견되자 전부 다시 애굽으로 돌아온다. 베냐민을 두고 떠날 수는 없었다. 이들은 서로 배다른 형제들이지만 그 사이의 장벽은 무너지고 있었다.

8. 요셉은 그들에게 곡식을 주어 돌려보낸다. 그러나 요셉은 베냐민을 남기려는 계획을 세운다. 그 상황을 설명해 보라.

창 44:1~13

9. 물론 요셉의 계획이었지만 베냐민은 왜 억류되는가?

창 44:12

10. 이제 형제들의 대변자 유다와 요셉과의 대화 내용을 요약해보자.

창 44:16~34

요셉이 자신의 정체를 밝힘 (45장)

배다른 형제들간의 장벽은 무너졌다. 더욱이 유다는 베냐민을 대신하여 종이 되겠다고 간청한다. 결국 요셉은 자신의 정체를 밝힌다. 요셉은 방성대곡 했고 그 울음 소리가 바로의 궁중에 까지 들릴 정도였다. 이렇게 해서 요셉의 아버지 야곱을 애굽으로 초청하게 된다. 야곱은 아들 요셉이 지금까지 살아 있을 뿐만 아니라 애굽의 총리가 되었다는 소식을 접하게 되고 놀란다.

11. 요셉은 드디어 자기의 정을 억제하지 못하고 자신이 요셉임을 형들에게 밝힌다(이때 요셉의 나이 39세였다). 이때 형들의 태도가 어떠했나?

창 45:3

12. 요셉에 대한 놀라움은 언제까지 계속되는가?

창 50:15

13. 형들의 반응에 대한 요셉의 신앙고백을 보라. 그는 놀라운 하나님의 계획을 어떻게 표현하고 있는가?

창 45:5~8

14. 이제 야곱 군단은 왕의 초빙을 받아 애굽으로 내려오게 된다. 그 과정을 읽고 서로 이야기해보라.

창 46:16~28

15. 요셉의 신앙고백은 얼마나 놀라운가? 당신의 지금까지 삶은 어떤 삶인가? 요셉의 삶과 비교해서 말해보자.

창 45:5~8

애굽으로 내려온 야곱의 가족 (46장)

야곱의 기쁨은 어떠했을까? 죽을 줄만 알고 있던 요셉이 살아있다니…지금까지 마음 한구석 그를 짓누르고 있던 무거움이 사라져버렸다. 야곱은 다시 한번 하나님의 신실하심 앞에 감사를 드린다. 애굽으로 내려오라는 요셉의 간청, 그는 잠시 동안 망서린다. 그러나 하나님은 야곱에게 애굽으로 내려갈 것을 명령하신다. 물론 애굽으로의 이주가 영원한 것은 아니다. 언젠가는 다시 이들 백성을 이끌어 올리실 것이다.

16. 야곱은 비록 요셉의 생존을 알고 기뻐하지만 그는 애굽으로 내려가기를 두려워한다(46:3). 그러나 하나님은 두려워하는 야곱에게 나타나 어떻게 말씀하시는가?

창 46:1~4

17. 왜 야곱은 애굽으로 내려가는 것을 두려워했을까?

창 12:10이하, 26:2 참조

18. 그런데 그 밤에 하나님이 이상 중에 야곱에게 나타나셨다. 그에게 어떤 약속을 주셨는가?

창 46:3, 4

19. 이제 야곱의 마음은 가벼워졌다. 하나님이 애굽으로 내려가도 좋다는 허락이 있었기 때문이었다. 야곱에게 속해 있는 모든 권속들이 총 출동한다. 인원이 전부 몇 명인가?

창 46:26,27 (출 1:5; 신 10:22; 행 7:14 참고)

▶ 시편 105편을 읽어보자. 이 시편에서는 아브라함부터 가나안 땅에 들어갈 때까지 하나님께서 어떻게 이들을 인도하셨나를 요약하여 시로 기록하고 있다.

애굽에 내려간 자?

행 7:14에는 전부 합하여 75명이라고 했다. 이 숫자는 구약을 헬라어로 번역한 70인경에 따른 것이다. 므낫세의 아들과 손자 한명씩과 에브라임의 두 아들과 손자 하나를 포함했기 때문이다.

20. 아브라함에게 약속하신 예언이(창15:12~16) 야곱에게서 어떻게 이루어졌는가?

창 46:28

야곱의 자손들을 안전하게 받아들일 수 있게 하기 위하여 하나님은 요셉을 미리 애굽에 보내셨던 것이다(45:5~8). 요셉은 하나님께서 구원 역사를 이루시기 위하여 자신을 미리 보내셨다는 것을 잘 알고 있었다. 이렇게 해서 이스라엘 백성의 애굽에서의 생활이 시작된다.

21. 야곱이 요셉을 만나는 장면과 바로 앞에 서게 되는 과정을 설명해 보라.

창 46:29~34

22. 야곱은 그의 일생을 통해서 참된 성도의 모습으로 성장해 간다. 그 야곱의 성화의 과정이 우리에게도 있어야 한다. 나는 신앙이 점차로 성숙해 가는가?

선생님, 질문 있어요

1.

2.

적용하기

적용 질문에 따라서 개인적으로 작성해 보시기 바랍니다.

1. 하나님에 대해서 무엇을 배웠는가?

2. 나에 대해서 무엇을 배웠는가?

3. 삶의 우선순위에 조정이 있는가?

4. 가치관과 신념, 성품에 어떤 변화가 필요한가?

5. 생각이나 동기는 어떻게 바뀌어야 하는가?

6. 하나님께서는 내가 어떤 사람이 되기를 원하시는가?

29 고센 땅에서의 이스라엘

47-50장

【학습목표】

창세기 47~50장을 통해서 이스라엘을 거대한 민족으로 성장시키는 하나님의 섭리를 배우게 된다.

요셉은 자기 자신의 삶이 우연에 의해 움직여지지 않는다는 것을 알았다. 요셉의 생애는 실로 하나님의 구속 역사를 위해서 쓰임받는 생애였다. 그는 "하나님의 나라의 실현"을 위하여 부름을 받은 것이다. 따라서 그는 자기 형들이 과거에 지은 죄를 끝까지 물고 늘어지지 않는다. 야곱이 죽은 후에도 요셉은 형들을 전혀 미워하지 않는다. 그는 하나님의 구속 역사를 내다보는 믿음이 있었다. 이렇게 해서 이스라엘 백성들은 출애굽 할 때까지 430년간을 애굽에서 거주하게 된다. 요셉으로 인해 야곱의 자손들은 그 안전이 보장되었다.

그렇다면 어떻게 바로가 야곱 일행을 쉽게 받아들일 수가 있었을까? 애굽의 어느 왕조 때에 이런 기근이나 농업 정책이 있었는지 애굽 역사의 자료가 충실치 못하다. 학자들 가운데는 야곱이 일행이 이곳에 정착했을 때에는 힉소스 왕조 때이거나 제12왕조 때였다고 주장한다. 힉소스 왕조는 야곱의 자손들과 같은 셈족 계통이었다. 이들은 상부 이집트를 정복하고 약 150년간을 통치하게 된다. 힉소스 왕조는 이스라엘 백성에게 우호적이었다. 그러나 모세가 태어날 무렵 힉소스 왕조는 다시 애굽 본토인에 의해 무너지고 추방 당한다.

이스라엘이 거한 고센 땅

이곳은 애굽 백성들과 분리해서 살아가기에 적당한 곳으로 나일강 삼각주의 동편에 있다. 이곳은 목축을 할 수 있기에 매우 적합했다. 특히 애굽인들은 목축하는 일을 가증히 여겼기에 이스라엘 백성들과 크게 부딪치는 일도 없었다.

1. 이스라엘 백성들이 거한 고센은 어떤 곳인가? 인도자의 설명을 들어보자.

창 47:6

2. 이스라엘 백성들이 애굽에 거할 당시의 주변상황을 먼저 알아보도록 하자.

많은 학자들은 요셉이 국무총리로 있을 당시에 힉소스 왕조가 통치하고 있었다고 주장한다(그러나 12왕조 때라고 주장하는 학자들도 있다. 이에 대해서는 동 교재 출애굽기 편을 참고해 보자). 그렇다면 힉소스 왕조는 어떤 왕조이며, 왜 이 왕조가 애굽을 장악하게 되었을까?

힉소스 왕조에 대해서?

① 애굽은 제 12왕조에(주전 1991-1786) 와서 남과 북으로 갈려 있던 것이 바로 왕의 주권 밑에 통일 국가가 되었다. 이 왕조를 이집트의 중왕국(中王國, Egypt's Middle Kingdom) 시대라고 한다. 그러나 13, 14왕조는 아주 나약했다. 따라서 북이집트와 남이집트가 다시 분리된 꼴이 되었다. 이들은 서로 자주 싸웠고, 내란이 그치지 않았다. 결국 애굽은 외국의 침략을 받게 된다.

② 따라서 애굽은 외국인에 의해서 설립된 힉소스 왕조가 등장한다. 이 왕조는 셈족 사람들에 의해서 세워진 왕조였다. 이 힉소스 왕조는 제 14왕조에서 제 17왕조까지 계속 장악했다. 이 왕조의 창건자는 애굽인이 아니라 셈 계통의 아시아인이다. 바로 이 힉소스 왕조 때가 요셉의 때였다고 많은 학자들이 보고 있다.

③ 그 당시까지는 애굽에 말(馬)이 없었다. 힉소스 왕조는 말을 이용한 전차의 힘으로 애굽 본토인을 장악했을 것이다. 그러나 힉소스 왕조의 영향력은 멤피스와 테베의 중간 지점에 머물러 있었다. 남쪽 이집트의 세력은 이기지 못해 북이집트만을 통치하게 된다. 약 150년간을 지배하고 힉소스 왕조는 그 전차술을 습득한 이집트 본토인에게 다시 추방당하게 되고 제 18왕조가 세워진다. 물론 모세는 제 18왕조 때에

등장한다(그러나 출애굽은 애굽의 제19왕조 람세스 때에 일어났다고 주장하는 학자들도 많다). 그래서 출 1:8에 "요셉을 알지 못하는 새 왕이 일어나서 애굽인을 다스리더니"라는 언급이 나온다.

야곱이 바로를 축복함 (47:1~12)

3. 요셉이 바로에게 보고한 내용이 무엇인가?

창 47:1

4. 요셉의 형들이 바로에게 무엇을 구하고 있는가? 이에 대한 바로의 응답은 무엇인가?

창 47:4, 5

5. 바로 앞에 서게 된 야곱, 야곱의 나이를 묻는 바로에게 야곱은 어떻게 대답하는가? 야곱의 성숙한 신앙고백을 보라.

창 47:8, 9

6. 바로는 어떤 곳을 야곱에게 주어 기업을 삼게 하였는가?

창 47:11

7. 흉년은 계속되어 기근이 더욱 심했다. 요셉은 효과적인 토지 정책을 세워 통치해 나간다. 그의 토지 정책은 어떤 것이었나?

창 47:13~19(23~26참조)

8. 이런 극한 가뭄 속에서도 이스라엘 족속은 어떠했는가?

창 47:27

9. 야곱은 요셉을 불러 무엇을 부탁하는가? 이러한 부탁 속에서 야곱의 어떤 면을 볼 수 있는가?

창 47:29~31(46:4 참조)

야곱이 요셉의 두 아들을 축복함 (48장)

야곱이 애굽에 도착했을 때가 130세였다(47:9). 그 뒤로 17년을 더 살았다. 그는 그의 생이 얼마 남지 않은 것으로 알고 요셉을 부른다. 무엇보다 자신의 12 아들을 이스라엘의 조상으로 정리해야 할 필요성을 느꼈을 것이다. 야곱은 우선 요셉의 두 아들을 자신의 양자로 삼는다.

10. 야곱이 나이 많아 병이 든다. 이 소식을 듣고 요셉은 자기의 두 아들, 므낫세와 에브라임을 데리고 야곱에게로 왔다. 그런데 야곱은 무엇을 선포하는가?

창 48:5,6

11. 역대상에서는 이 사실을 어떻게 기록하고 있는가?

대상 5:1, 2

12. 야곱은 요셉의 두 아들들에게 축복한다. 이때 야곱은 손을 어긋맞겨 축복하고 있다. 이유는 무엇인가?

창 48:12~14

13. 야곱의 노년에 생애에서 나타나는 열매를 보라. 그 간교했던 야곱이 어떻게 변화될 수 있었을까?

열 두 아들들에 대한 야곱의 예언 (49장)

야곱은 12지파에 대한 축복으로 그의 삶을 마감한다. 이들 12지파는 하나님 왕국의 상속자로 축복을 받는다. 이들에 대한 예언은 구체적 사건으로 역사에 나타난다.

14. 야곱은 그의 아들들을 불러 모으고 축복기도를 한다. 이 기도는 언제 이루어질 기도 내용인가?

창 49:1

15. 야곱이 아들들에게 축복한 내용을 간단하게 정리해보자.(49:3~27)

① 르우벤

- 축복내용
- 성취

② 시므온과 ③ 레위

• 축복내용

• 성취

④ 유다(49:8~11)

• 축복내용

홀(Scepter)?

구약에서는 전쟁 무기로서 막대기와 지팡이를 가리켰다. 또 의전에서 통치, 통치할 권세를 상징한다. 권세의 상징은 홀의 떠남, 또는 홀의 꺽어짐으로 표현되었다. 치리자의 지팡이? 법들의 규정자, 사령관을 뜻할 수도 있다.

실로가 오시기까지?

실로가 누구인가에 대해서는 해설이 분분하다. 실로는 평화를 가져다 주는 사람을 의미하는데, 이 예언은 630년 다윗 때에 와서부터 실현되기 시작한다.

▶ 유다 자손의 3가지 특징은 무엇인가?

1) 사자새끼?

2) 그분의 왕권?

3) 피로 빤 그분의 옷?

⑤ 스불론

• 축복내용

• 성취

⑥ 잇사갈

• 축복내용

• 성취

⑦ 단

• 축복내용

• 성취

⑧ 갓

• 축복내용

• 성취

⑨ 아셀

• 축복내용

• 성취

⑩ 납달리

• 축복내용

• 성취

⑪ 요셉

• 축복내용

• 성취

⑫ 베냐민

• 축복내용

• 성취

16. 야곱의 예언적 메시지의 의미는 무엇인가? 인도자의 설명을 들어보자.

야곱의 죽음과 장사 (49:28~33)

야곱의 나이 147세, 그는 그의 모든 자녀들을 모아놓고 예언적 축복을 마친다. 그리고 이제 기운이 진하여 그의 열조에게로 돌아간다. 그의 성격 탓으로 인해 그리 평탄하한 삶을 살지 못했던 야곱이었지만 그는 족장으로서의 역할을 잘 감당했다.

17. 야곱은 애굽에 와서 몇 년을 살다가 죽었는가?

창 47:28

18. 야곱은 그의 아들들에게 어떻게 명하고 있는가?

창 49:29

야곱의 장례 (50:1~14)

19. 야곱의 일생이 막을 내린다. 그도 역시 그의 열조에게로 돌아갔다. 요셉은 아버지의 장사를 어떻게 지냈는가? (창 50:1~14)

1) 애곡 기간은?

2) 장례 준비는?

3) 장례 규모는?

내가 하나님을 대신하리이까 (50:19)

20. 야곱의 장례가 끝나자 요셉의 형제들은 불안해한다.

야곱은 그의 아들들간에 사랑을 온전히 회복하기 위해 많은 애를 썼음을 볼 수 있다(17절). 요셉의 형제들은 요셉에게 와서 종이 되기를 원했다. 이들은 과거의 일로 마음이 편하지 못한 것이다. 그러나 요셉은 반응은?

창 50:19~21

21. 그리고 요셉도 110세를 살고 죽는다. 24~25절을 읽고 요셉의 신앙을 이야기해 보라.

창 50:24, 25

22. 요셉의 마지막 부탁은 무엇인가?

창 50:26

23. 요셉은 어떤 사람인가? 평가해보라.

• 창 50:24 "요셉이 그의 형제들에게 이르되 나는 죽을 것이나 하나님이 당신들을 돌보시고 당신들을 이 땅에서 인도하여 내사 아브라함과 이삭과 야곱에게 맹세하신 땅에 이르게 하시리라 하고"

창세기의 역사는 여기에서 끝나지 않는다. 보다 크고 구체적인 역사를 대망하는 것으로 끝을 맺고 있다. 족장들의 후반부의 이야기는 오히려 하나님의 구속 역사가 어떻게 확대되어 나가는 가에 대한 기초를 제공해 주고 있다. 비록, 그 족장들은 죽지만 그의 약속은 이스라엘 역사 속에서 계속 실현해 나갈 것이다.

24. 창세기를 통해서 배운 바 중요한 것들을 나누어보라.

선생님, 질문 있어요

1.

2.

적용하기

적용 질문에 따라서 개인적으로 작성해 보시기 바랍니다.

1. 하나님에 대해서 무엇을 배웠는가?

2. 나에 대해서 무엇을 배웠는가?

3. 삶의 우선순위에 조정이 있는가?

4. 가치관과 신념, 성품에 어떤 변화가 필요한가?

5. 생각이나 동기는 어떻게 바뀌어야 하는가?

6. 하나님께서는 내가 어떤 사람이 되기를 원하시는가?

백투더 바이블
창세기
상
BACK TO THE BIBLE
장종길 지음
개정3판
그리심

안충혁 목사

- 총신대학 종교교육과(현 기독교교육과) 졸업
- 총신대학 신학대학원 졸업
- 총신대학 일반대학원 졸업(기독교교육 전공)
- 풀러신학교 목회학 박사 과정 중
- 인천중앙교회 청년부 담당목사

창세기(백투더바이블)

2009년 7월 15일 초판 1쇄 인쇄
2009년 7월 20일 초판 1쇄 발행

편 저 • 안 충 혁
발행인 • 조 경 혜
발행처 • 도서출판 그리심
156-763 서울시 동작구 사당동 196 인정 Apt. B-b01

등록번호 • 제 7-258호(1998. 4. 23)
출 판 사 • 전화 523-7589 팩스 523-7590
홈페이지 • http://grisim.biz
전자우편 • grisimcho@hanmail.net

값 : 표지 뒷면

ISBN 978-89-5799-238-8 94230
ISBN 978-89-5799-237-1(세트)